Joseph Fourier

François Arago

1854

JOSEPH FOURIER

BIOGRAPHIE LUE EN SÉANCE PUBLIQUE DE L'ACADÉMIE DES SCIENCES, LE 18 NOVEMBRE 1833.

Messieurs, un académicien, jadis, ne différait d'un autre académicien, que par le nombre, la nature et l'éclat de ses découvertes. Leur vie, jetée en quelque sorte dans le même moule, se composait d'événements peu dignes de remarque. Une enfance plus ou moins studieuse ; des progrès tantôt lents, tantôt rapides ; une vocation contrariée par des parents capricieux ou aveugles ; l'insuffisance de fortune, les privations qu'elle amène à sa suite, trente ans d'un professorat pénible et d'études difficiles, tels étaient les éléments tout ordinaires dont le talent admirable des anciens secrétaires de l'Académie a su tirer ces tableaux si piquants, si spirituels, si variés, qui forment un des principaux ornements de vos savantes collections.

Les biographes sont aujourd'hui moins à l'étroit. Les convulsions que la France a éprouvées pour sortir des langes de la routine, de la superstition et du privilége, ont jeté au milieu des orages de la vie politique des citoyens de tous les âges, de toutes les conditions, de tous les caractères.

Aussi, l'Académie des sciences a-t-elle figuré dans l'arène dévorante où, durant quarante années, le fait et le droit se sont tour à tour arraché le pouvoir par un glorieux contingent de combattants et de victimes !

Reportez, par exemple, vos souvenirs vers l'immortelle Assemblée nationale. Vous trouverez à sa tête un modeste académicien, modèle de toutes les vertus privées, l'infortuné Bailly, qui, dans les phases diverses de sa vie politique, sut concilier l'amour passionné de la patrie avec une modération que ses plus cruels ennemis eux-mêmes ont été forcés d'admirer.

Lorsque, plus tard, l'Europe conjurée lance contre la France un million de soldats ; lorsqu'il faut improviser quatorze armées, c'est l'ingénieux auteur de l'*Essai sur les machines* et de la *Géométrie de position*, qui dirige cette opération gigantesque. C'est encore Carnot, notre honorable confrère, qui préside à l'incomparable campagne de dix-sept mois, durant laquelle des Français, novices au métier des armes, gagnent huit batailles rangées, sortent victorieux de cent quarante combats, occupent cent seize places fortes, deux cent trente forts ou redoutes, enrichissent nos arsenaux de quatre mille canons, de soixante-dix mille fusils, font cent mille prisonniers, et pavoisent le dôme des Invalides de quatrevingt-dix drapeaux. Pendant le même temps, les Chaptal, les Fourcroy, les Monge, les Berthollet, concouraient aussi à la défense de la nationalité française, les uns en arrachant à notre sol, par des prodiges d'industrie, jusqu'aux derniers atomes de salpêtre qu'il pouvait contenir ; les autres, en transformant, à l'aide de méthodes nouvelles et rapides, les cloches des villes, des villages, des plus petits hameaux, en une formidable artillerie, dont nos ennemis croyaient, dont ils devaient croire, en effet, que nous étions dépourvus. À la voix de la patrie menacée, un autre académicien, le jeune et savant Meunier, renonçait sans effort aux séduisantes occupations du laboratoire : il allait s'illustrer sur les remparts de Kœnigstein, contribuer en héros à la longue défense de Mayence, et ne recevait la mort, à quarante ans, qu'après s'être placé au premier rang d'une garnison où brillaient les Aubert-Dubayet, les Beaupuy, les Haxo, les Kléber.

Comment pourrais-je oublier ici le dernier secrétaire de l'ancienne Académie ? Suivez-le dans une assemblée célèbre ; dans cette Convention dont on pardonnerait presque le sanglant délire, en se rappelant combien elle fut glorieusement terrible aux ennemis de notre indépendance, et toujours vous voyez l'illustre Condorcet, exclusivement occupé des grands intérêts de la raison et de l'humanité. Vous l'entendez « flétrir le honteux brigandage qui depuis deux siècles dépeuplait, en le corrompant, le continent africain ; » demander avec les accents d'une conviction profonde, qu'on purifie nos codes de cette affreuse peine capitale qui rend l'erreur des juges à jamais irréparable ; il est l'organe officiel de l'assemblée toutes les fois qu'il faut parler aux soldats, aux citoyens, aux factions, aux étrangers, un langage digne de la France ; il ne ménage aucun parti, leur crie sans cesse « de s'occuper un peu moins d'eux-mêmes et un peu plus de la chose publique ; » il répond enfin à d'injustes reproches de faiblesse, par des actes qui lui laissent, pour toute alternative, le poison ou l'échafaud.

La révolution française jeta aussi le savant géomètre dont je dois aujourd'hui célébrer les découvertes, bien loin de la route que le sort paraissait lui avoir tracée. Dans des temps ordinaires, c'est de *dom Joseph Fourier* que le secrétaire de l'Académie aurait dû vous entretenir ; c'est la vie tranquille et retirée d'un bénédictin qu'il eût déroulée devant vous. La vie de notre confrère sera au contraire, agitée et pleine de périls ; elle se passera dans les dangereux combats du *forum* ; au milieu des hasards de la guerre, en proie à tous les soucis d'une administration difficile. Cette vie, nous la trouverons étroitement enlacée aux plus grands événements de notre époque. Hâtons-nous d'ajouter qu'elle sera toujours digne, honorable, et que les qualités personnelles du savant rehausseront l'éclat de ses découvertes.

Fourier naquit à Auxerre, le 21 mars 1768. Son père, comme celui de l'illustre géomètre Lambert, était un simple tailleur. Cette circonstance eût jadis occupé beaucoup de place dans l'éloge de notre savant confrère ; grâce aux progrès des lumières, je puis en faire mention comme d'un fait sans importance : personne, en effet, ne croit aujourd'hui, personne même ne fait semblant de croire que le génie soit un privilége attaché au rang ou à la fortune.

Fourier devint orphelin à l'âge de huit ans. Une dame qui avait remarqué la gentillesse de ses manières et ses heureuses dispositions, le recommanda à l'évêque d'Auxerre. Par l'influence de ce prélat, Fourier fut admis à l'école militaire que dirigeaient alors les bénédictins de la congrégation de Saint-Maur. Il y fit ses études littéraires avec une rapidité et des succès surprenants. Plusieurs sermons fort applaudis à Paris dans la bouche de hauts dignitaires de l'Église, étaient sortis de la plume de l'écolier de douze ans. Il serait aujourd'hui impossible de remonter à ces premières compositions de la jeunesse de Fourier, puisque, en divulguant le plagiat, il a eu la discrétion de ne jamais nommer ceux qui en profitèrent.

Fourier avait, à treize ans, la pétulance, la vivacité bruyante de la plupart des jeunes gens de cet âge ; mais son caractère changea tout à coup et comme par enchantement, dès qu'il fut initié aux premières notions de mathématiques, c'est-à-dire dès qu'il eut senti sa véritable vocation. Les heures réglementaires de travail ne suffirent plus alors à son insatiable curiosité. Des bouts de chandelles soigneusement recueillis dans la cuisine, les corridors et le réfectoire du collége, servaient, la nuit, dans un âtre de cheminée fermé avec un paravent, à éclairer les études solitaires par lesquelles Fourier préludait aux travaux qui, peu d'années après, devaient honorer son nom et sa patrie.

Dans une école militaire dirigée par des moines, l'esprit des élèves ne devait guère flotter qu'entre deux carrières : l'église et l'épée. Ainsi que Descartes, Fourier voulut être soldat ; comme Descartes, la vie de garnison l'eût sans doute bientôt fatigué. On ne lui permit pas d'en faire l'expérience. Sa demande à l'effet de subir l'examen de l'artillerie, quoique vivement appuyée par notre illustre confrère Legendre, fut repoussée avec un cynisme d'expressions dont vous allez être juges vous-mêmes : « Fourier, répondit le ministre, n'étant pas noble, ne pourrait entrer dans l'artillerie, quand il serait un second Newton ! »

Il y a, Messieurs, dans l'exécution judaïque des règlements, même lorsqu'ils sont les plus absurdes, quelque chose de respectable que je me plais à reconnaître. En cette circonstance, rien ne pouvait affaiblir l'odieux des paroles ministérielles. Il n'est point vrai, en effet, qu'on n'entrât anciennement dans l'artillerie qu'avec des titres de noblesse : une certaine fortune suppléait souvent à des parchemins. Ainsi ce n'était pas seulement un je ne sais quoi d'indéfinissable que, par parenthèse, nos ancêtres les Francs n'avaient pas encore inventé, qui manquait au jeune Fourier, c'était une rente de quelques centaines de livres, dont les hommes placés alors à la tête du pays auraient refusé de voir l'équivalent dans le génie d'un second Newton ! Conservons ces souvenirs, Messieurs : ils jalonnent admirablement l'immense carrière que la France a parcourue depuis quarante années. Nos neveux y verront d'ailleurs, non l'excuse, mais l'explication de quelques-uns des sanglants désordres qui souillèrent notre première révolution.

Fourier n'ayant pu ceindre l'épée, prit l'habit de bénédictin, et se rendit à l'abbaye de Saint-Benoît-sur-Loir, où il devait faire son noviciat. Il n'avait pas encore prononcé de vœux, lorsque, en 1789, de belles, de séduisantes idées sur la régénération sociale de la France s'emparèrent de tous les esprits. Aussitôt Fourier renonça à la carrière ecclésiastique, ce qui n'empêcha point ses anciens maîtres de lui confier la principale chaire de mathématiques à l'école militaire d'Auxerre, et de lui prodiguer les marques d'une vive et sincère affection. J'ose le dire, aucune circonstance, dans la vie de notre confrère, ne témoigne plus fortement de la bonté de son naturel et de l'aménité de ses manières. Il faudrait ne pas connaître le cœur humain, pour supposer que les moines de Saint-Benoît ne ressentirent point quelque dépit en se voyant si brusquement abandonnés ; pour imaginer, surtout, qu'ils renoncèrent sans de vifs regrets à la gloire que l'ordre pouvait attendre du collaborateur ingénieux qui leur échappait.

Fourier répondit dignement à la confiance dont il venait d'être l'objet. Quand ses collègues étaient indisposés, le professeur titulaire de mathématiques occupait, tour à tour, les chaires de rhétorique, d'histoire, de philosophie, et, quel que fût l'objet de ses leçons, il répandait à pleines mains, dans un auditoire qui l'écoutait avec délices, les trésors d'une instruction variée et profonde, ornés de tout ce que la plus élégante diction pouvait leur donner d'éclat.

MÉMOIRE
SUR LA RÉSOLUTION DES ÉQUATIONS NUMÉRIQUES.

À la fin de 1789, Fourier se rendit à Paris, et lut devant l'Académie des sciences un mémoire concernant la résolution des équations numériques de tous les degrés. Ce travail de sa première jeunesse, notre confrère ne l'a pour ainsi dire jamais perdu de vue. Il l'expliquait, à Paris, aux élèves de l'École polytechnique ; il le développait sur les bords du Nil, en présence de l'Institut d'Égypte ; à Grenoble, depuis 1802, c'était le sujet favori de ses entretiens avec les professeurs de l'École centrale ou de la Faculté des sciences ; ce mémoire, enfin, renfermait les fondements de l'ouvrage que Fourier faisait imprimer lorsque la mort vint le frapper.

Un sujet scientifique n'occupe pas tant de place, dans la vie d'un savant du premier ordre, sans avoir de l'importance et de la difficulté. La question d'analyse algébrique dont il vient d'être fait mention, et que Fourier a étudiée avec une si remarquable persévérance, n'est pas une exception à cette règle. Elle se présente dans un grand nombre d'applications du calcul au mouvement des astres ou à la physique des corps terrestres et, en général dans les problèmes qui conduisent à des équations d'un degré élevé. Dès qu'il veut sortir du domaine des abstractions, le calculateur a besoin des racines de ces équations ; ainsi, l'art de les découvrir à l'aide d'une méthode uniforme, soit exactement, soit par approximation, a dû de bonne heure exciter la sollicitude des géomètres.

Un œil attentif aperçoit déjà quelques traces de leurs efforts, dans les écrits des mathématiciens de l'école d'Alexandrie, Ces traces, il faut le dire, sont si légères, si imparfaites, qu'on aurait vraiment le droit de ne faire remonter la naissance de cette branche de l'analyse qu'aux excellents travaux de notre compatriote Viet. Descartes, à qui on rend une justice bien incomplète quand on se contente de dire qu'il nous apprit beaucoup en nous apprenant à douter, s'occupa aussi un moment de ce problème, et y laissa l'empreinte ineffaçable de sa main puissante. Hudde donna pour un cas particulier, mais très-important, des règles auxquelles on n'a depuis rien ajouté ; Rolle, de l'Académie des sciences, consacra à cette unique question sa vie tout entière. Chez nos voisins d'outre-mer, Harriot, Newton, Mac-Laurin, Stirling, Waring, je veux dire tout ce que, dans le dernier siècle, l'Angleterre produisit de géomètres illustres, en firent aussi l'objet de leurs recherches. Quelques années après, les noms de Daniel Bernouilli, d'Euler, de Fontaine, vinrent s'ajouter à tant de grands noms. Lagrange, enfin entra à son tour dans la carrière, et, dès ses premiers pas, il substitua aux essais imparfaits, quoique fort ingénieux, de ses prédécesseurs, une méthode complète et à l'abri de toute objection. À partir de ce moment, la dignité de la science était satisfaite ; mais, en pareille matière, il ne serait pas permis de dire avec le poëte :

Or, si les procédés inventés par Lagrange, simples dans leur principe, applicables à tous les cas, ont théoriquement le mérite de conduire au résultat avec certitude, ils exigeraient, d'autre part, des calculs d'une longueur rebutante. Il restait donc à perfectionner la partie pratique de la question : il fallait trouver les moyens d'abréger la route, sans lui rien faire perdre de sa sûreté. Tel était le but principal des recherches de Fourier, et ce but il l'a atteint en grande partie.

Descartes avait déjà trouvé dans l'ordre suivant lequel se succèdent les signes des différents termes d'une équation numérique quelconque, le moyen de décider, par exemple, combien cette équation peut avoir de racines réelles positives. Fourier a fait plus : il a découvert une méthode pour déterminer en quel nombre les racines également positives de toute équation, peuvent se trouver comprises entre deux quantités données. Ici certains calculs deviennent nécessaires, mais ils sont très-simples, et quelque précision que l'on désire, ils conduisent sans fatigue aux solutions cherchées.

Je doute que l'on puisse citer une seule découverte scientifique de quelque importance qui n'ait pas suscité des discussions de priorité. La nouvelle méthode de Fourier pour résoudre les équations numériques est, sous ce rapport, largement comprise dans la loi commune. On doit, au surplus, reconnaître que le théorème qui sert de base à cette méthode a été d'abord publié par M. Budan ; que, d'après une règle qu'ont solennellement sanctionnée les principales académies de l'Europe, et dont les historiens des sciences ne sauraient s'écarter sans tomber dans l'arbitraire et la confusion, M. Budan doit être considéré comme inventeur. Je dirai, avec une égale assurance, qu'il serait impossible de refuser à Fourier le mérite d'être arrivé au but par ses propres efforts. Je regrette même que pour établir des droits que personne n'entendait nier, il ait jugé nécessaire de recourir à des certificats d'anciens élèves de l'École polytechnique ou de professeurs de l'Université. Puisque notre confrère avait la modestie de croire que sa simple déclaration ne devait pas suffire, pourquoi, et cet argument eût été plein de force, ne faisait-il pas remarquer à quel point sa démonstration diffère de celle de son compétiteur ? Démonstration admirable, en effet, et tellement imprégnée des éléments intimes de la question, qu'un jeune géomètre, M. Sturm, vient d'en faire usage pour établir la vérité du beau théorème a l'aide duquel il détermine, non de plus simples limites, mais le nombre exact de racines d'une équation quelconque, qui sont comprises entre deux quantités données.

RÔLE DE FOURIER DANS NOTRE RÉVOLUTION. — SON ENTRÉE
DANS LE CORPS ENSEIGNANT DE L'ÉCOLE NORMALE ET DE
L'ÉCOLE POLYTECHNIQUE. — EXPÉDITION D'ÉGYPTE.

Tout à l'heure nous avions laissé Fourier à Paris, soumettant à l'Académie des sciences le travail analytique dont je viens de donner une idée générale. De retour à Auxerre, le jeune géomètre trouva la ville, les campagnes environnantes, et même l'école à laquelle il appartenait, vivement occupées des grandes questions de dignité humaine, de philosophie, de politique, qui étaient alors débattues par les orateurs des divers côtés de l'Assemblée nationale. Fourier s'abandonna aussi à ce mouvement des esprits. Il embrassa avec enthousiasme les principes de la révolution, et s'associa ardemment à tout ce que l'élan populaire offrait de grand, de juste, de généreux. Son patriotisme lui fit accepter les missions les plus difficiles. Disons que jamais, même au péril de sa vie, il ne transigea avec les passions basses, cupides, sanguinaires, qui surgissaient de toutes parts.

Membre de la Société populaire d'Auxerre, Fourier y exerçait un ascendant presque irrésistible. Un jour, la Bourgogne tout entière en a conservé le souvenir, à l'occasion de la levée de trois cent mille hommes, il fit vibrer si éloquemment les mots d'honneur, de patrie, de gloire ; il provoqua tant d'enrôlements volontaires, que le tirage au sort devint inutile. À la voix de l'orateur, le contingent assigné au chef-lieu de l'Yonne se forma, se réunit spontanément dans l'enceinte même de l'assemblée, et marcha sur-le-champ à la frontière. Malheureusement, ces luttes du forum dans lesquelles s'usaient alors tant de nobles vies, étaient loin d'avoir toujours une importance réelle. De ridicules, d'absurdes, de burlesques motions, y heurtaient sans cesse les inspirations d'un patriotisme pur, sincère, éclairé. La société populaire d'Auxerre nous fournirait, au besoin, plus d'un exemple de ces désolants contrastes. Ainsi je pourrais dire que, dans la même enceinte où Fourier sut exciter les honorables sentiments que j'ai rappelés avec bonheur, il eut, une autrefois, à combattre certain orateur, peut-être bien intentionné, mais assurément mauvais astronome, lequel voulant échapper, disait-il, au *bon plaisir* des administrateurs municipaux, demandait que les noms de quartiers du Nord, de l'Est, du Sud, de l'Ouest, fussent assignés aux diverses parties de la ville d'Auxerre, par la voie du sort.

Les lettres, les beaux-arts, les sciences, semblèrent un moment devoir ressentir aussi l'heureuse influence de la révolution française. Voyez, par exemple, avec quelle largeur d'idées fut conçue la réforme des poids et mesures ; quels géomètres, quels astronomes, quels physiciens éminents présidèrent à toutes les parties de ce grand travail ! Hélas ! d'affreux déchirements intérieurs vinrent bientôt assombrir ce magnifique spectacle. Les sciences ne pouvaient prospérer au milieu du combat acharné des factions. Elles eussent rougi de rien devoir aux hommes de sang, dont les passions aveugles immolèrent les Saron, les Bailly, les Lavoisier.

Peu de mois après le 9 thermidor, la Convention voulant ramener le pays vers des idées d'ordre, de civilisation et de progrès intérieurs, songea à organiser l'instruction publique ; mais où trouver des professeurs ? Les membres laïques du corps enseignant, devenus officiers d'artillerie, du génie ou d'état-major, combattaient aux frontières les ennemis de la France. Heureusement, dans cette époque d'exaltation intellectuelle, rien ne semblait impossible. Les professeurs manquaient, on décréta qu'il en serait créé sans retard, et l'École normale naquit. Quinze cents citoyens de tout âge, présentés par les chefs-lieux de district, s'y trouvèrent aussitôt réunis, non pour étudier, dans toutes leurs ramifications, les diverses branches des connaissances humaines, mais afin d'apprendre, sous les plus grands maîtres, l'art d'enseigner.

Fourier était l'un de ces quinze cents élèves. On s'étonnera, non sans quelque raison, je l'avoue, quand je dirai qu'il fut élu à Saint-Florentin, et qu'Auxerre parut insensible à l'honneur d'être représentée à Paris par le plus illustre de ses enfants. Mais cette indifférence sera comprise ; ensuite s'écroulera sans retour le laborieux échafaudage de calomnies auquel elle a servi de base, dès que je rappellerai qu'après le 9 thermidor la capitale, et surtout les départements, furent en proie à une réaction aveugle et désordonnée, comme le sont toujours les réactions politiques ; que le crime (pour avoir changé de bannière, il n'en était pas moins hideux) usurpa la place de la justice ; que d'excellents citoyens, des patriotes purs, modérés, consciencieux, étaient journellement traqués par des bandes d'assassins à gages devant lesquelles les populations restaient muettes d'effroi. Telles sont, Messieurs, les redoutables influences qui privèrent un moment Fourier du suffrage de ses compatriotes et le travestirent en partisan de Robespierre, lui que Saint-Just, faisant allusion à son éloquence douce et persuasive, appelait un *patriote en musique* ; lui que les décemvirs plongèrent tant de fois dans les cachots ; lui qui, au plus fort de la Terreur, prêta devant le tribunal révolutionnaire le secours de son admirable talent à la mère du maréchal Davoust, coupable du crime, à cette époque irrémissible, d'avoir envoyé quelques sommes d'argent à des émigrés ; lui qui, à Tonnerre, eut l'incroyable audace d'enfermer sous clef, à l'auberge, un agent du comité de salut public dont il avait surpris le secret, et se donna ainsi le temps d'avertir un honorable citoyen qu'on allait arrêter ; lui enfin qui s'attaquant corps à corps au proconsul sanguinaire devant lequel tout tremblait dans l'Yonne, le fit passer pour fou, et obtint sa révocation ! Voilà, Messieurs, quelques-uns des actes de patriotisme, de dévouement, d'humanité qui signalèrent la première jeunesse de Fourier. Ils furent, vous l'avez vu, payés d'ingratitude ; mais doit-on vraiment s'en étonner ? Espérer de la reconnaissance de qui ne pourrait la manifester sans danger, ce serait méconnaître la fragilité humaine et s'exposer à de fréquents mécomptes.

Dans l'École normale de la Convention, des débats succédaient de temps en temps aux leçons ordinaires. Ces jours-là, les rôles étaient intervertis : les élèves interrogeaient les professeurs. Quelques paroles prononcées par Fourier dans une de ces curieuses et utiles séances suffirent pour le faire remarquer. Aussi, dès qu'on sentit la nécessité de créer des maîtres de conférence, tous les yeux se portèrent-ils sur l'élève de Saint-Florentin. La précision, la lucidité, l'élégance de ses leçons, lui conquirent bientôt les applaudissements unanimes de l'auditoire difficile et nombreux qui lui fut confié.

À l'apogée de sa gloire scientifique et littéraire, Fourier reportait encore avec prédilection ses pensées sur 1794, et sur les efforts sublimes que faisait alors la nation française pour créer un corps enseignant. S'il l'avait osé, le titre d'élève de l'ancienne École normale eût été sans aucun doute celui dont il se serait paré de préférence. Cette école périt, Messieurs, de froid, de misère et de faim, et non pas, quoi qu'on en ait dit, à cause de quelques vices d'organisation, dont le temps et la réflexion eussent facilement fait justice. Malgré son existence si courte, elle donna aux études scientifiques une direction toute nouvelle qui a eu les plus importants résultats. En appuyant cette opinion de quelques développement, je m'acquitterai d'une tâche que Fourier m'eût certainement imposée, s'il avait pu soupçonner qu'à de justes, qu'à d'éloquents éloges de son caractère et de ses travaux, viendraient, dans cette enceinte même et par la bouche d'un de ses successeurs, se mêler de vives critiques de sa chère École normale.

C'est à l'École normale conventionnelle qu'il faut inévitablement remonter, quand on veut trouver le premier enseignement public de la *géométrie descriptive*, cette belle création de Monge. C'est de là qu'elle est passée, presque sans modifications, à l'École polytechnique, dans les usines, dans les manufactures, dans les plus humbles ateliers.

De l'École normale date aussi une véritable révolution dans l'étude des mathématiques pures. Alors des démonstrations, des méthodes, des théories importantes enfouies dans les collections académiques, parurent pour la première fois devant les élèves, et les excitèrent à refondre sur de nouvelles bases les ouvrages destinés à l'enseignement.

À part quelques rares exceptions, les savants, en possession de faire avancer les sciences, formaient jadis en France une classe totalement distincte de celle des professeurs. En appelant les premiers géomètres, les premiers physiciens, les premiers naturalistes du monde au professorat, la Convention jeta sur les fonctions enseignantes un éclat inaccoutumé, et dont nous ressentons encore les heureux effets. Aux yeux du public, un titre qu'avaient porté les Lagrange, les Laplace, les Monge, les Berthollet, devint avec raison l'égal des plus beaux titres. Si, sous l'Empire, l'École polytechnique compta parmi ses professeurs en exercice, des conseillers d'État des ministres, et le président du Sénat, n'en cherchez l'explication que dans l'élan donné par l'École normale.

Voyez dans les anciens grands colléges les professeurs, cachés en quelque sorte derrière leurs cahiers, lisant en chaire, au milieu de l'indifférence et de l'inattention des élèves, des discours laborieusement préparés, et qui, tous les ans, reparaissaient les mêmes. Rien de pareil n'existait à l'École normale : les leçons orales y furent seules permises. L'autorité alla même jusqu'à exiger des savants illustres, chargés de l'enseignement, la promesse formelle de ne jamais réciter des leçons qu'ils auraient apprises par cœur. Depuis cette époque, la chaire est devenue une tribune d'où le professeur, identifié pour ainsi dire avec ses auditeurs, voit dans leurs regards, dans leurs gestes, dans leur contenance, tantôt le besoin de se hâter, tantôt au contraire la nécessité de revenir sur ses pas, de réveiller l'attention par quelque observation incidente, de revêtir d'une forme nouvelle la pensée qui, dans son premier jet, avait laissé les esprits en suspens. Et n'allez pas croire que les belles improvisations dont retentissait l'amphithéâtre de l'École normale restassent inconnues du public. Des sténographes, soldés par l'État, les recueillaient. Leurs feuilles, après la révision des professeurs étaient envoyées aux quinze cents élèves, aux membres de la Convention, aux consuls et aux agents de la République dans les pays étrangers, à tous les administrateurs des districts. À côté des habitudes parcimonieuses et mesquines de notre temps, c'était certainement de la prodigalité. Personne toutefois ne se rendrait l'écho de ce reproche, quelque léger qu'il paraisse, s'il m'était permis de désigner dans cette enceinte même un illustre académicien, à qui les leçons de l'École normale allèrent révéler son génie mathématique dans un obscur chef-lieu de district !

Le besoin de remettre en évidence les importants services, aujourd'hui méconnus, dont l'enseignement des sciences est redevable à la première école normale m'a entraîné plus loin que je ne voulais. J'espère qu'on me le pardonnera. L'exemple, en tout cas, ne sera pas contagieux. Les louanges du temps passé, vous le savez, Messieurs, ne sont plus de mode. Tout ce qui se dit, tout ce qui s'imprime, tend même à faire croire que le monde est né d'hier. Cette opinion qui permet à chacun de s'attribuer un rôle plus ou moins brillant dans le grand drame cosmogonique, est sous la sauvegarde de trop de vanités pour avoir rien à craindre des efforts de la logique.

Nous l'avons déjà dit, les brillants succès de Fourier à l'École normale lui assignèrent une place distinguée parmi les personnes que la nature a douées au plus haut degré du talent d'enseigner. Aussi ne fut-il pas oublié par les fondateurs de l'École polytechnique. Attaché à ce célèbre établissement, d'abord avec le titre de surveillant des leçons de fortification, ensuite comme chargé du cours d'analyse, Fourier y a laissé une mémoire vénérée, et la réputation d'un professeur plein de clarté, de méthode, d'érudition ; j'ajouterai même la réputation d'un professeur plein de grâce, car notre confrère a prouvé que ce genre de mérite peut ne pas être étranger à l'enseignement des mathématiques.

Les leçons de Fourier n'ont pas été recueillies. Le journal de l'École polytechnique ne renferme même qu'un seul Mémoire de lui, sur *le principe des vitesses virtuelles*. Ce Mémoire, qui probablement avait servi de texte à une leçon, montre que le secret des grands succès du célèbre professeur consistait dans la combinaison, artistement ourdie, de vérités abstraites, d'intéressantes applications et de détails historiques peu connus, puisés, chose si rare de nos jours, aux sources originales.

Nous voici à l'époque où la paix de Léoben ramena vers la capitale les principales illustrations de nos armées. Alors les professeurs et les élèves de l'École polytechnique eurent quelquefois l'honneur insigne de se trouver assis, dans leurs amphithéâtres, à côté des généraux Desaix et Bonaparte. Tout leur présageait donc une participation active aux événements que chacun pressentait, et qui, en effet, ne se firent pas attendre.

Malgré l'état précaire de l'Europe, le Directoire se décida à dégarnir le pays de ses meilleures troupes, et à les lancer dans une expédition aventureuse. Éloigner de Paris le vainqueur de l'Italie, mettre ainsi un terme aux éclatantes démonstrations populaires dont sa présence était partout l'objet, et qui tôt ou tard seraient devenues un véritable danger, c'était tout ce que voulaient alors les cinq chefs de la République.

D'autre part, l'illustre général ne rêvait pas seulement la conquête momentanée de l'Égypte ; il désirait rendre à ce pays son antique splendeur ; il voulait étendre ses cultures, perfectionner les irrigations, créer de nouvelles industries, ouvrir au commerce de nombreux débouchés, tendre une main secourable à des populations malheureuses, les arracher au joug abrutissant sous lequel elles gémissaient depuis des siècles, les doter enfin sans retard de tous les bienfaits de la civilisation européenne. D'aussi grands desseins n'auraient pas pu s'accomplir avec le seul personnel d'une armée ordinaire. Il fallut faire un appel aux sciences, aux lettres, aux beaux-arts ; il fallut demander le concours de quelques hommes de tête et d'expérience. Monge et Berthollet, l'un et l'autre membres de l'Institut et professeurs à l'École polytechnique, devinrent, pour cet objet, les recruteurs du chef de l'expédition. Cette expédition, nos confrères en connaissaient-ils réellement le but ? Je n'oserais pas l'affirmer ; mais je sais, en tout cas, qu'il ne leur était pas permis de le divulguer. Nous allons dans un pays éloigné ; nous nous embarquerons à Toulon ; nous serons constamment avec vous ; le général Bonaparte commandera l'armée ; tel était, dans le fond et dans la forme, le cercle restreint de confidences qui leur avait été impérieusement tracé. Sur la foi de paroles aussi vagues, avec les chances d'un combat naval, avec les pontons anglais en perspective, allez aujourd'hui essayer d'enrôler un père de famille, un savant déjà connu par des travaux utiles et placé dans quelque poste honorable ; un artiste en possession de l'estime et de la confiance publiques, et je me trompe fort si vous recueillez autre chose que des refus ; mais, en 1798, la France sortait à peine d'une crise terrible, pendant laquelle son existence même avait été fréquemment mise en problème. Qui d'ailleurs ne s'était trouvé exposé à d'imminents dangers personnels ? Qui n'avait vu de ses propres yeux des entreprises vraiment désespérées conduites à une heureuse fin ? En faut-il davantage pour expliquer ce caractère aventureux, cette absence de tout souci du lendemain qui paraît avoir été un des traits les plus saillants de l'époque directoriale. Fourier accepta donc, sans hésiter, les propositions que ses collègues lui portèrent au nom du général en chef ; il quitta les fonctions si recherchées de professeur à l'École polytechnique, pour aller… il ne savait où ; pour faire… il ne savait quoi !

Le hasard plaça Fourier pendant la traversée sur le bâtiment qui portait Kléber. L'amitié que le savant et l'homme de guerre se vouèrent dès ce moment n'a pas été sans quelque influence sur les événements dont l'Égypte fut le théâtre après le départ de Napoléon.

Celui qui signait ses ordres du jour : « *le membre de l'Institut* commandant en chef l'armée d'Orient, » ne pouvait manquer de placer une Académie parmi les moyens de régénération de l'antique royaume des Pharaons. La vaillante armée qu'il commandait venait à peine de conquérir le Kaire dans la mémorable bataille des Pyramides, que l'Institut d'Égypte naquit. Quarante-huit membres, séparés en quatre sections, devaient le composer. Monge eut l'honneur d'en être le premier président. Comme à Paris, Bonaparte appartenait aux sections mathématiques. La place de secrétaire perpétuel, abandonnée au libre choix de la compagnie, fut tout d'une voix donnée à Fourier.

Vous avez vu le célèbre géomètre remplir les mêmes fonctions à l'Académie des sciences ; vous avez apprécié l'étendue de ses lumières, sa bienveillance éclairée, son inaltérable affabilité, son esprit droit et conciliant. Ajoutez par la pensée, à tant de rares qualités, l'activité que la jeunesse, que la santé peuvent seules donner, et vous aurez recréé le secrétaire de l'Institut d'Égypte, et le portrait que je voudrais en faire pâlirait à côté du modèle.

Sur les bords du Nil, Fourier se livrait à des recherches assidues sur presque toutes les branches de connaissances que comprenait le vaste cadre de l'Institut. La *Décade* et le *Courrier de l'Égypte* font connaître les titres de ses divers travaux. J'y remarque un mémoire sur la résolution générale des équations algébriques ; des recherches sur les méthodes d'élimination ; la démonstration d'un nouveau théorème d'algèbre ; un mémoire sur l'analyse indéterminée ; des études sur la mécanique générale ; un travail technique et historique sur l'aqueduc qui porte les eaux du Nil au château du Kaire ; des considérations sur les Oasis ; le plan de recherches statistiques à entreprendre sur l'état de l'Égypte ; le programme des explorations auxquelles on devrait se livrer sur l'emplacement de l'ancienne Memphis, et dans toute l'étendue des sépultures ; le tableau des révolutions et des mœurs de l'Égypte, depuis sa conquête par Sélim.

Je trouve encore, dans la Décade égyptienne, que, le premier jour complémentaire de l'an VI, Fourier présenta à l'Institut la description d'une machine destinée à faciliter les irrigations, et qui devait être mue par la force du vent.

Ce travail, si éloigné de la direction ordinaire des idées de notre confrère, n'a pas été imprimé. Il trouverait naturellement sa place dans un ouvrage dont l'expédition d'Égypte pourrait encore fournir le sujet, malgré les nombreuses et belles publications qu'elle a déjà fait naître : ce serait la description des fabriques d'acier, d'armes, de poudre, de drap, de machines, d'instruments de toute espèce que notre armée eut à improviser. Si, pendant notre enfance, les expédients que Robinson Crusoé met en œuvre pour échapper aux dangers romanesques qui viennent sans cesse l'assaillir, excitent vivement notre intérêt, comment dans l'âge mûr verrions-nous avec indifférence une poignée de Français, jetée sur les rives inhospitalières de l'Afrique, sans aucune communication possible avec la mère patrie, forcée de combattre à la fois les éléments et de formidables armées, manquant de nourriture, de vêtements, d'armes, de munitions, et suppléant à tout à force de génie !

La longue route que j'ai encore à parcourir me permettra à peine d'ajouter quelques mots sur les services administratifs de l'illustre géomètre. Commissaire français auprès du divan du Kaire, il était devenu l'intermédiaire officiel entre le général en chef et tout Égyptien qui pouvait avoir à se plaindre d'une attaque contre sa personne, sa propriété, ses mœurs, ses usages, sa croyance. Des formes toujours douces ; de scrupuleux ménagements pour des préjugés, qu'on eût vainement combattus de front ; un esprit de justice inflexible, lui avaient donné sur la population musulmane un ascendant que les préceptes du Koran ne permettaient guère d'espérer, et qui servit puissamment à entretenir des relations amicales entre les habitants du Kaire et le soldat français. Fourier était surtout en vénération parmi les cheiks et les ulémas. Une seule anecdote fera comprendre que ce sentiment était commandé par la plus légitime reconnaissance.

L'Émir Hadgy, ou prince de la caravane, que le général Bonaparte avait nommé en arrivant au Kaire, s'évada pendant la campagne de Syrie. On eut, dès lors, de très-fortes raisons de croire que quatre *cheiks ulémas* s'étaient rendus complices de la trahison. De retour en Égypte, Bonoparte confia l'examen de cette grave affaire à Fourier. « Ne me proposez pas, dit-il, des demi-mesures. Vous avez à prononcer sur de grands personnages : il faut ou leur trancher la tête, ou les inviter à dîner. » Le lendemain de cet entretien, les quatre cheiks dînaient avec le général en chef. En suivant les inspirations de son cœur, Fourier ne faisait pas seulement un acte d'humanité, c'était de plus de l'excellente politique. Notre savant confrère, M. Geoffroy Saint-Hilaire, de qui je tiens l'anecdote, raconte en effet que Soleyman el Fayoumi, le principal des chefs égyptiens, dont le supplice, grâce à notre confrère, s'était transformé si heureusement en un banquet, saisissait toutes les occasions de célébrer parmi ses compatriotes la générosité française.

Fourier ne montra pas moins d'habileté lorsque nos généraux lui donnèrent des missions diplomatiques. C'est à sa finesse, à son aménité, que notre armée fut redevable d'un traité d'alliance offensive et défensive avec Mourad-Bey. Justement fier du résultat, Fourier oublia de faire connaître les détails de la négociation. On doit vivement le regretter, car le plénipotentiaire de Mourad était une femme, cette même Sitty Néfiçah, que Kléber a immortalisée en proclamant *sa bienfaisance, son noble caractère* dans le bulletin d'Héliopolis, et qui, du reste, était déjà célèbre d'une extrémité de l'Asie à l'autre, à cause des révolutions sanglantes que sa beauté sans pareille avait suscitées parmi les mameluks.

L'incomparable victoire que Kléber remporta sur l'armée du grand vizir n'abattit point l'énergie des janissaires qui s'étaient emparés du Kaire pendant qu'on combattait à Héliopolis. Ils se défendirent de maison en maison avec un courage héroïque. On avait à opter entre l'entière destruction de la ville et une capitulation honorable pour les assiégés. Ce dernier parti prévalut : Fourier, comme d'habitude, chargé de la négociation, la conduisit à bon port ; mais, cette fois, le traité ne fut pas discuté, convenu et signé dans l'enceinte mystérieuse d'un harem, sur de moelleux divans, à l'ombre de bosquets embaumés. Les pourparlers eurent lieu dans une maison à moitié ruinée par les boulets et par la mitraille ; au centre du quartier dont les révoltés disputaient vaillamment la possession à nos soldats ; avant même qu'on eût pu convenir des bases d'une trêve de quelques heures. Aussi, lorsque Fourier s'apprêtait à célébrer, suivant les coutumes orientales, la bienvenue du commissaire turc, de nombreux coups de fusil partirent de la maison en face, et une balle traversa la cafetière qu'il tenait à la main. Sans vouloir mettre en question la bravoure de personne, ne pensez-vous pas, Messieurs, que si les diplomates étaient ordinairement placés dans des positions aussi périlleuses, le public aurait moins à se plaindre de leurs proverbiales lenteurs ?

Pour réunir en un seul faisceau les services administratifs de notre infatigable confrère, j'aurais encore à vous le montrer, sur l'escadre anglaise, au moment de la capitulation de Menou, stipulant diverses garanties en faveur des membres de l'Institut d'Égypte ; mais des services non moins importants et d'une autre nature, réclament aussi notre attention. Ils nous forceront même à revenir sur nos pas, à remonter jusqu'à l'époque, de glorieuse mémoire, où Desaix achevait la conquête de la haute Égypte, autant par la sagesse, la modération et l'inflexible justice de tous ses actes, que par la rapidité et l'audace des opérations militaires. Bonaparte chargea alors deux commissions nombreuses d'aller explorer dans ces régions reculées, une multitude de monuments dont les modernes soupçonnaient à peine l'existence. Fourier et Costaz furent les commandants de ces commissions ; je dis les commandants, car une force militaire assez imposante leur avait été confiée ; car c'était souvent à l'issue d'un combat avec des tribus nomades d'Arabes, que l'astronome trouvait dans le mouvement des astres, les éléments d'une future carte géographique ; que le naturaliste recueillait des végétaux inconnus, déterminait la constitution géologique du sol, se livrait à des dissections pénibles ; que l'antiquaire mesurait les dimensions des édifices, qu'il essayait de copier avec exactitude les images fantasques dont tout était couvert dans ce singulier pays, depuis les plus petits meubles, depuis les simples jouets des enfants, jusqu'à ces prodigieux palais, jusqu'à ces façades immenses à côté desquelles les plus vastes constructions modernes attireraient à peine un regard.

Les deux commissions savantes étudièrent avec un soin scrupuleux le temple magnifique de l'ancienne Tentyris, et surtout les séries de signes astronomiques qui ont soulevé de nos jours de si vifs débats ; les monuments remarquables de l'Ile mystérieuse et sacrée d'Éléphantine ; les ruines de Thèbes aux cent portes, devant lesquelles (et ce n'étaient cependant que des ruines !) notre armée étonnée s'arrêta tout entière pour applaudir.

Fourier présidait encore, dans la haute Égypte, à ces mémorables travaux, lorsque le général en chef quitta brusquement Alexandrie, et revint en France avec ses principaux amis. Ils se trompèrent donc, ceux qui, ne voyant pas notre confrère sur la frégate *le Muiron*, à côté de Monge et de Berthollet, imaginèrent que Bonaparte n'avait pas su apprécier ses éminentes qualités. Si Fourier ne fut point du voyage, c'est qu'il était à cent lieues de la Méditerranée quand *le Muiron* mit à la voile. L'explication cesse d'être piquante, mais elle est vraie. En tout cas, l'amitié de Kléber pour le secrétaire de l'Institut d'Égypte, la juste influence qu'il lui accorda dans une multitude d'occasions délicates, l'eussent amplement dédommagé d'un injuste oubli.

J'arrive, Messieurs, à l'époque, de douloureuse mémoire, où les *agas* des janissaires réfugiés en Syrie, désespérant de vaincre, à l'aide des armes loyales du soldat, nos troupes si admirablement commandées, eurent recours au stylet du lâche. Vous le savez, un jeune fanatique dont on avait exalté l'imagination dans les mosquées, par un mois de prières et d'abstinence, frappa d'un coup mortel le héros d'Héliopolis, au moment où, sans défiance, il écoutait avec sa bonté ordinaire le récit de prétendus griefs et promettait réparation.

Ce malheur, à jamais déplorable, plongea notre colonie dans une affliction profonde. Les Égyptiens eux-mêmes mêlèrent leurs larmes à celles des soldats français. Par une délicatesse de sentiment dont nous avons le tort de ne pas croire les mahométans capables, ils n'oublièrent point alors, ils n'ont jamais oublié depuis, de faire remarquer que l'assassin et ses trois complices n'étaient pas nés sur les bords du Nil.

L'année, pour tromper sa douleur, désira que les funérailles de Kléber fussent célébrées avec une grande pompe. Elle voulut aussi qu'en ce jour solennel on lui retraçât la longue série d'actions éclatantes qui porteront le nom de l'illustre général jusqu'à nos derniers neveux. Par un concert unanime, cette honorable et périlleuse mission fut confiée à Fourier.

Il est bien peu d'hommes, Messieurs, qui n'aient pas vu les rêves brillants de leur jeunesse aller se briser, l'un après l'autre, contre les tristes réalités de l'âge mûr. Fourier a été une de ces rares exceptions.

Reportez-vous, en effet, par la pensée, à 1789, et cherchez ce que l'avenir pouvait promettre à l'humble néophyte de Saint-Benoît-sur-Loir. Sans doute un peu de gloire littéraire ; la faveur de se faire entendre quelquefois dans les temples de la capitale ; la satisfaction d'être chargé du panégyrique de tel ou tel personnage officiellement célèbre. Eh bien ! neuf années se seront à peine écoulées, et vous le trouverez à la tête de l'Institut d'Égypte, et il sera l'oracle, l'idole d'une compagnie qui comptait parmi ses membres, Bonaparte, Berthollet, Monge, Malus, Geoffroy Saint-Hilaire, Conté, etc. ; et sans cesse les généraux se reposeront sur lui du soin de dénouer des difficultés en apparence insolubles, et l'armée d'Orient elle-même, si riche dans tous les genres d'illustrations, ne voudra pas d'autre interprète quand il faudra raconter les hauts faits du héros qu'elle venait de perdre.

Ce fut sur la brèche d'un bastion récemment enlevé d'assaut par nos troupes, en vue du plus majestueux des fleuves, de la magnifique vallée qu'il féconde, de l'affreux désert de Libye, des colossales pyramides de Gizeh ; ce fut en présence de vingt populations d'origines diverses que le Kaire réunit dans sa vaste enceinte, devant les plus vaillants soldats qui jamais eussent foulé une terre où, cependant, les noms d'Alexandre et de César retentissent encore ; ce fut au milieu de tout ce qui pouvait émouvoir le cœur, agrandir les idées, exciter l'imagination, que Fourier déroula la noble vie de Kléber. L'orateur était écouté avec un religieux silence ; mais bientôt, désignant du geste les soldats rangés en bataille devant lui, il s'écrie : « Ah ! combien de vous eussent aspiré à l'honneur de se jeter entre Kléber et son assassin ! Je vous prends à témoin, intrépide cavalerie qui accourûtes pour le sauver sur les hauteurs de Koraïm, et dissipâtes en un instant la multitude d'ennemis qui l'avaient enveloppé ! » À ces mots un frémissement électrique agite l'armée tout entière ; les drapeaux s'inclinent, les rangs se pressent, les armes s'entre-choquent, un long gémissement s'échappe de quelques milliers de poitrines déchirées par le sabre et par la mitraille, et la voix de l'orateur va se perdre au milieu des sanglots.

Peu de mois après, sur le même bastion, devant les mêmes soldats, Fourier célébrait, avec non moins d'éloquence, les exploits, les vertus du général que les peuples conquis en Afrique saluèrent du nom si flatteur de *sultan juste* ; et qui venait de faire à Marengo le sacrifice de sa vie, pour assurer le triomphe des armes françaises.

Fourier ne quitta l'Égypte qu'avec les derniers débris de l'armée à la suite de la capitulation signée par Menou. De retour en France, ses premières, ses plus constantes démarches eurent pour objet l'illustration de l'expédition mémorable dont il avait été un des membres les plus actifs et les plus utiles. L'idée de rassembler en un seul faisceau les travaux si variés de tous ses confrères, lui appartient incontestablement. J'en trouve la preuve dans une lettre, encore manuscrite, qu'il écrivit à Kléber, de Thèbes, le 20 vendémiaire an VII. Aucun acte public dans lequel il soit fait mention de ce grand monument littéraire, n'est d'une date antérieure. L'Institut du Kaire, en adoptant dès le mois de frimaire an VIII le projet d'un *ouvrage d'Égypte*, confiait à Fourier le soin d'en réunir les éléments épars, de les coordonner, et de rédiger l'introduction générale.

Cette introduction a été publiée sous le titre de *Préface historique*. Fontanes y voyait réunies *les grâces d'Athènes et la sagesse de l'Égypte*. Que pourrais-je ajouter à un pareil éloge ? Je dirai seulement qu'on y trouve, en quelques pages, les principaux traits du gouvernement des Pharaons, et les résultats de l'asservissement de l'antique Égypte par les rois de Perse, les Ptolémées, les successeurs d'Auguste, empereurs de Byzance, les premiers califes, le célèbre Saladin, les mameluks et les princes ottomans. Les diverses phases de notre aventureuse expédition y sont surtout caractérisées avec le plus grand soin. Fourier porte le scrupule jusqu'à *essayer* de prouver qu'elle fut légitime. J'ai dit seulement jusqu'à *essayer*, car, en ce point, il pourrait bien y avoir quelque chose à rabattre de la seconde partie de l'éloge de Fontanes. Si, en 1797, nos compatriotes éprouvaient au Kaire ou à Alexandrie, des outrages, des extorsions que le Grand Seigneur ne voulait ou ne savait pas réprimer, on peut, à toute rigueur, admettre que la

France devait se faire justice elle-même, qu'elle avait le droit d'envoyer une puissante armée pour mettre les douaniers turcs à la raison. Mais il y a loin de là à soutenir que le divan de Constantinople aurait dû favoriser l'expédition que notre conquête allait, *en quelque sorte* lui rendre l'Égypte et la Syrie ; que la prise d'Alexandrie et la bataille des Pyramides *ajouteraient à l'éclat du nom ottoman !* Au surplus, le public s'est empressé d'absoudre Fourier de ce qu'il y a de hasardé dans cette petite partie de son bel ouvrage. Il en a cherché l'origine dans les exigences de la politique. Tranchons le mot, derrière certains sophismes, il a cru voir la main de l'ancien général en chef de l'armée d'Orient !

Napoléon aurait donc participé par des avis, par des conseils, ou, si l'on veut, par des ordres impératifs, à la composition du discours de Fourier. Ce qui naguère n'était qu'une conjecture plausible est devenu maintenant un fait incontestable. Grâce à la complaisance de M. Champollion-Figeac, je tenais ces jours derniers dans mes mains, quelques parties des premières *épreuves* de la préface historique. Ces épreuves furent remises à l'Empereur, qui voulut en prendre connaissance à tête reposée avant de les lire avec Fourier. Elles sont couvertes de notes marginales, et les additions qui en ont été la conséquence s'élèvent à près du tiers de l'étendue du discours primitif. Sur ces feuilles, comme dans l'œuvre définitive livrée au public, on remarque l'absence complète de noms propres : il n'y a d'exception que pour les trois généraux en chef. Ainsi

Fourier s'était imposé *lui-même* la réserve que certaines vanités ont tant blâmée. J'ajouterai que nulle part, sur les épreuves si précieuses de M. Champollion, on n'aperçoit de traces des misérables sentiments de jalousie qu'on a prêtés à Napoléon. Il est vrai qu'en montrant du doigt le mot *illustre* appliqué à Kléber, l'Empereur dit à notre confrère « Quelqu'un *m'a fait remarquer* cette épithète ; » mais après une petite pause il ajouta : « *Il est convenu que vous la laisserez, car elle est juste et bien méritée.* » Ces paroles, Messieurs, honoraient encore moins le monarque qu'elles ne flétrissaient dans le *quelqu'un,* que je regrette de ne pouvoir désigner autrement, ces vils courtisans, dont toute la vie se passe à épier les faiblesses, les mauvaises passions de leurs maîtres, afin de s'en faire le marchepied qui doit les conduire aux honneurs et à la fortune !

À peine de retour en Europe, Fourier fut nommé (le 2 janvier 1802) préfet du département de l'Isère. L'ancien Dauphiné était alors en proie a des dissensions politiques ardentes. Les républicains, les partisans de l'émigration, ceux qui s'étaient rangés sous les bannières du gouvernement consulaire, formaient autant de castes distinctes entre lesquelles tout rapprochement semblait impossible. Eh bien, Messieurs, l'impossible, Fourier l'opéra. Son premier soin fut de faire considérer l'hôtel de la préfecture comme un terrain neutre, où chacun pouvait se montrer sans même l'apparence d'une concession. La seule curiosité, d'abord, y amena la foule ; mais la foule revint, car, en France, elle déserte rarement les salons où l'on trouve un hôte poli, bienveillant, spirituel sans fatuité et savant sans pédanterie. Ce qu'on avait divulgué des opinions de notre confrère sur l'antibiblique ancienneté des monuments égyptiens inspirait surtout de vives appréhensions au parti religieux ; on lui apprit adroitement que le nouveau préfet comptait *un saint* dans sa famille ; que le *bienheureux* Pierre Fourier, instituteur des religieuses de la congrégation de Notre-Dame, était son grand-oncle, et cette circonstance opéra un rapprochement que l'inébranlable respect du premier magistrat de Grenoble pour toutes les opinions consciencieuses cimenta chaque jour davantage.

Dès qu'il fut assuré d'une trêve avec les partis politiques et religieux, Fourier put se livrer sans réserve aux devoirs de sa place. Ces devoirs, il ne les faisait pas seulement consister à entasser sans mesure et sans profit, paperasse sur paperasse. Il prenait une connaissance personnelle des projets qui lui étaient soumis ; il se faisait le promoteur infatigable de tous ceux que des préjugés cherchaient à étouffer dans leur germe. On doit ranger dans cette dernière classe la superbe route de Grenoble à Turin par le Mont Genèvre, que les événements de 1814 sont venus si malheureusement interrompre, et surtout le dessèchement des marais de Bourgoin.

Ces marais, que Louis XIV avait donnés au maréchal de Turenne, étaient un foyer d'infection pour les trente-sept communes dont ils couvraient en partie le territoire. Fourier dirigea personnellement les opérations topographiques qui établirent la possibilité du desséchement. Ces documents à la main, il alla de village en village, je dirais presque de maison en maison, régler le sacrifice que chaque famille devait s'imposer dans l'intérêt général. À force de ménagements, de tact, de patience « *en prenant l'épi dans son sens et jamais à rebours,* » trente-sept conseils municipaux furent amenés à souscrire une transaction commune, sans laquelle l'opération projetée n'aurait pas même pu avoir un commencement d'exécution. Le succès couronna cette rare persévérance. De riches moissons, de gras pâturages, de nombreux troupeaux, une population forte et heureuse, couvrent aujourd'hui un immense territoire, où jadis le voyageur n'osait pas s'arrêter seulement quelques heures.

Un des prédécesseurs de Fourier dans la charge de secrétaire perpétuel de l'Académie, crut un jour devoir s'excuser d'avoir rendu un compte détaillé de certaines recherches de Leibnitz qui n'avaient point exigé de grands efforts d'intelligence : « On doit être, disait-il, fort obligé à un homme tel que lui, quand il veut bien, pour l'utilité publique, faire quelque chose qui ne soit pas de génie ! » Je n'ai pas à concevoir de pareils scrupules : aujourd'hui les sciences sont envisagées de trop haut pour qu'on puisse hésiter à placer au premier rang des travaux dont elles s'honorent, ceux qui répandent l'aisance, la santé, le bonheur au sein des populations ouvrières.

En présence d'une partie de l'Académie des inscriptions ; dans une enceinte où le nom d'hiéroglyphe a si souvent retenti je ne puis pas me dispenser de dire le service que Fourier rendit aux sciences en leur conservant Champollion. Le jeune professeur d'histoire à la faculté des lettres de Grenoble vient d'atteindre vingt ans. Le sort l'appelle à prendre le mousquet. Fourier l'exempte en s'appuyant sur le titre d'élève de l'École des langues orientales, que Champollion avait eu à Paris. Le ministère de la guerre apprend que l'élève donna jadis sa démission ; il crie à la fraude et lance un ordre de départ foudroyant, qui semble même interdire l'idée d'une réclamation. Fourier cependant ne se décourage point ; ses démarches sont habiles et pressantes ; il fait enfin une peinture si animée du talent précoce de *son jeune ami,* qu'elle arrache au pouvoir un décret d'exemption spécial. Il n'était pas facile, Messieurs, d'obtenir de pareils succès. À la même époque, un conscrit, *membre de notre Académie,* ne parvenait à faire révoquer son ordre de départ qu'en déclarant qu'il suivrait à pied, et en costume de l'Institut, le contingent de l'arrondissement de Paris dans lequel il se trouvait classé.

Les travaux administratifs du préfet de l'Isère interrompirent à peine les méditations du littérateur et du géomètre. C'est de Grenoble que datent les principaux écrits de Fourier ; c'est à Grenoble qu'il composa la *Théorie mathématique de la chaleur,* son principal titre à la reconnaissance du monde savant.

Je suis loin de m'aveugler sur la difficulté d'analyser clairement ce bel ouvrage, et toutefois je vais essayer de marquer un à un les pas qu'il a fait faire à la science. Vous m'écouterez, Messieurs, avec indulgence, malgré plusieurs détails minutieusement techniques, puisque je remplis le mandat dont vous m'avez honoré.

Les peuples anciens avaient pour le merveilleux un goût, disons mieux, une passion qui leur faisait oublier jusqu'aux devoirs sacrés de la reconnaissance. Voyez-les, par exemple, groupant en un seul faisceau les hauts faits d'un grand nombre de héros dont ils n'ont pas même daigné conserver les noms, et en doter le seul personnage d'Hercule. La suite des siècles ne nous a pas rendus plus sages. Le public, à notre époque, mêle aussi avec délices la fable à l'histoire. Dans toutes les carrières, dans celle des sciences surtout, il se complaît à créer des Hercules. Aux yeux du vulgaire, il n'est pas une découverte astronomique qui ne soit due à Herschel. La théorie des mouvements planétaires est identifiée avec le nom de Laplace ; peine accorde-t-on un léger souvenir aux éminents travaux de d'Alembert, de Clairaut, d'Euler, de Lagrange. Watt est le créateur exclusif de la machine à vapeur. Chaptal a doté les arts chimiques de l'ensemble des procédés féconds, ingénieux, qui assurent leur prospérité. Dans cette enceinte même, une voix éloquente, ne disait-elle pas naguère qu'avant Fourier, le phénomène de la chaleur était à peine étudié ; que le célèbre géomètre avait fait lui seul plus d'observations que tous ses devanciers ensemble ; qu'inventeur d'une science nouvelle, d'un seul jet il l'avait presque achevée !

Au risque d'être beaucoup moins piquant, l'organe de l'Académie des sciences ne saurait se permettre de pareils élans d'enthousiasme. Il doit se rappeler que ces solennités n'ont pas seulement pour objet de célébrer les découvertes des académiciens ; qu'elles sont aussi destinées à féconder le mérite modeste ; qu'un observateur oublié de ses contemporains, est souvent soutenu dans ses veilles laborieuses par la pensée qu'il obtiendra un regard bienveillant de la postérité. Autant que cela dépend de nous, faisons qu'un espoir aussi juste, aussi naturel, ne soit pas déçu. Accordons un légitime, un éclatant hommage à ces hommes d'élite que la nature a doués du précieux privilège de coordonner mille faits isolés, d'en faire jaillir de séduisantes théories ; mais n'oublions pas que la faucille du moissonneur avait coupé les épis avant qu'on pût songer à les réunir en gerbes !

La chaleur se présente dans les phénomènes naturels et dans ceux qui sont le produit de l'art sous deux formes entièrement distinctes, que Fourier a envisagées séparément. J'adopterai la même division, en commençant toutefois l'analyse historique que je dois vous soumettre par la chaleur rayonnante.

Personne ne peut douter qu'il n'y ait une différence physique, bien digne d'être étudiée, entre la boule de fer à la température ordinaire qu'on manie à son gré, et la boule de fer de même dimension que la flamme d'un fourneau a fortement échauffée, et dont on ne saurait approcher sans se brûler. Cette différence, suivant la plupart des physiciens, provient d'une certaine quantité d'un fluide élastique, impondérable, ou du moins impondéré, avec lequel la seconde boule s'était combinée dans l'acte de l'échauffement. Le fluide qui, en s'ajoutant aux corps froids, les rend chauds, est désigné par le nom de *chaleur* ou de *calorique*.

Les corps inégalement échauffés, placés en présence, agissent les uns sur les autres, *même à de grandes distances, même à travers le vide*, car les plus froids se réchauffent et les plus chauds se refroidissent ; car, après un certain temps, ils sont au même degré, quelle qu'ait été la différence de leurs températures primitives.

Dans l'hypothèse que nous avons signalée et admise, il n'est qu'une manière de concevoir cette action à distance : c'est de supposer qu'elle s'opère à l'aide de certains effluves qui traversent l'espace en allant du corps chaud au corps froid ; c'est d'admettre qu'un corps chaud lance autour de lui des rayons de chaleur, comme les corps lumineux lancent des rayons de lumière.

Les effluves, les émanations rayonnantes à l'aide desquelles deux corps éloignés l'un de l'autre se mettent en communication calorifique, ont été très-convenablement désignés sous le nom de *calorique rayonnant.*

Le calorique rayonnant avait déjà été, quoi qu'on en ait dit, l'objet d'importantes expériences, avant les travaux de Fourier. Les célèbres académiciens *del Cimento* trouvaient, il y a près de deux siècles, que ce calorique se réfléchit comme la lumière ; qu'ainsi que la lumière, un miroir concave le concentre à son foyer. En substituant des boules de neige à des corps échauffés ils allèrent même jusqu'à prouver qu'on peut former des foyers frigorifiques par voie de réflexion.

Quelques années après, Mariotte, membre de cette Académie, découvrit qu'il existe différentes natures de calorique rayonnant ; que celui dont les rayons solaires sont accompagnés, traverse tous les milieux diaphanes aussi facilement que le fait la lumière ; tandis que le calorique qui émane d'une matière fortement échauffée, mais encore obscure, tandis que les rayons de calorique, qui se trouvent mêlés aux rayons lumineux d'un corps médiocrement incandescent, sont arrêtés presque en totalité dans leur trajet au travers de la lame de verre la plus transparente !

Cette remarquable découverte, pour le dire en passant, montra combien avaient été heureusement inspirés, malgré les railleries de prétendus savants, les ouvriers fondeurs qui, de temps immémorial, ne regardaient la matière incandescente de leurs fourneaux qu'à travers un verre de vitre ordinaire, pensant, à l'aide de cet artifice, arrêter seulement la chaleur qui eût brûlé leurs yeux.

Dans les sciences expérimentales, les époques de brillants progrès sont presque toujours séparées par de longs intervalles d'un repos à peu près absolu. Ainsi, après Mariotte il s'écoule plus d'un siècle sans que l'histoire ait à enregistrer aucune nouvelle propriété du calorique rayonnant. Ensuite, et coup sur coup, on trouve dans la lumière solaire des rayons calorifiques obscurs, dont l'existence ne saurait être constatée qu'avec le thermomètre, et qui peuvent être complétement séparés des rayons lumineux à l'aide du prisme ; on découvre, à l'égard des corps terrestres, que l'émission des rayons calorifiques, et conséquemment que le refroidissement de ces corps est considérablement ralenti par le poli des surfaces ; que la couleur, la nature et l'épaisseur des enduits dont ces mêmes surfaces peuvent être revêtues, exercent aussi une influence manifeste sur leur pouvoir émissif ; l'expérience enfin rectifiant les vagues prévisions auxquelles les esprits les plus éclairés s'abandonnent eux-mêmes avec tant d'étourderie, montre que les rayons calorifiques qui s'élancent de la paroi plane d'un corps échauffé n'ont pas la même force, la même intensité dans toutes les directions ; que le *maximum* correspond à l'émission perpendiculaire, et le *minimum* aux émissions parallèles la surface.

Entre ces deux positions extrêmes, comment s'opère l'affaiblissement du pouvoir émissif ? Leslie chercha, le premier, la solution de cette question importante. Ses observations semblèrent prouver que les intensités des rayons sortants sont proportionnelles (il faut bien, Messieurs, que j'emploie l'expression scientifique), sont proportionnelles aux *sinus* des angles que forment ces rayons avec la surface échauffée ; mais les quantités sur lesquelles on avait dû expérimenter étaient trop faibles ; les incertitudes des appréciations thermométriques, comparées à l'effet total, étaient au contraire trop grandes pour ne pas commander une extrême défiance ; eh bien, Messieurs, un problème devant lequel tous les procédés, tous les instruments de la physique moderne étaient restés impuissants, Fourier l'a complétement résolu, sans avoir besoin de tenter aucune expérience nouvelle. La loi cherchée de l'émission du calorique, il l'a trouvée, avec une perspicacité qu'on ne saurait assez admirer, dans les phénomènes de température les plus ordinaires, dans des phénomènes qui, de prime abord, semblent devoir en être tout à fait indépendants.

Tel est le privilége du génie : il aperçoit, il saisit des rapports, là où des yeux vulgaires ne voient que des faits isolés.

Personne ne doute, et d'ailleurs l'expérience a prononcé, que dans tous les points d'un espace terminé par une enveloppe quelconque entretenue à une température constante, on ne doive éprouver une température constante aussi, et précisément celle de l'enveloppe. Or, Fourier a établi que, si les rayons calorifiques émis avaient une égale intensité dans toutes les directions, que, si cette même intensité ne variait pas proportionnellement au sinus de l'angle d'émission, la température d'un corps situé dans l'enceinte dépendrait de la place qu'il y occuperait : que la *température de l'eau bouillante ou celle du fer fondant, par exemple, existeraient en certains points d'une enveloppe creuse de glace !!* Dans le vaste domaine des sciences physiques, on ne trouverait pas une application plus piquante de la célèbre *méthode de réduction à l'absurde* dont les anciens mathématiciens faisaient usage pour démontrer les vérités abstraites de la géométrie.

Je ne quitterai pas cette première partie des travaux de Fourier, sans ajouter qu'il ne s'est point contenté de démontrer, avec tant de bonheur, la loi remarquable qui lie les intensités comparatives des rayons calorifiques émanés, sous toutes sortes d'angles, de la surface des corps échauffés ; il a cherché, de plus, la cause physique de cette loi ; il l'a trouvée dans une circonstance que ses prédécesseurs avaient entièrement négligée. Supposons, a-t-il dit que les corps émettent de la chaleur, non-seulement par leurs molécules superficielles, mais encore par des points intérieurs. Admettons, de plus, que la chaleur de ces derniers points ne puisse arriver à la surface en traversant une certaine épaisseur de matière, sans éprouver quelque absorption. Ces deux hypothèses, Fourier les traduit en calcul, et il en fait surgir mathématiquement la loi expérimentale du sinus. Après avoir résisté à une épreuve aussi radicale, les deux hypothèses se trouvaient complétement justifiées ; elles sont devenues des lois de la nature ; elles signalent dans le calorique des propriétés cachées, qui pouvaient seulement être aperçues par les yeux de l'esprit.

Dans la seconde question traitée par Fourier, la chaleur se présente sous une nouvelle forme. Il y a plus de difficulté à suivre ses mouvements ; mais aussi les conséquences de la théorie sont plus générales, plus importantes.

La chaleur, excitée, concentrée en un certain point d'un corps solide, se communique, par voie de conductibilité, d'abord aux particules les plus voisines du point échauffé, ensuite de proche en proche à toutes les régions du corps. De là le problème dont voici l'énoncé :

Par quelles routes et avec quelles vitesses s'effectue la propagation de la chaleur, dans des corps de forme et de nature diverses, soumis à certaines conditions initiales ?

Au fond, l'Académie des sciences avait déjà proposé ce problème, comme sujet de prix, des l'année 1736. Alors les termes de chaleur et de calorique n'étant pas en usage, elle demanda *l'étude de la nature et de la propagation* DU FEU ! Le mot *feu*, jeté ainsi dans le programme sans autre explication, donna lieu à la plus étrange méprise. La plupart des physiciens s'imaginèrent qu'il s'agissait d'expliquer de quelle manière *l'incendie* se communique et grandit dans un amas de matières combustibles. Quinze concurrents se présentèrent ; *trois* furent couronnés.

Ce concours donna peu de résultats. Toutefois, une singulière réunion de circonstances et de noms propres en rendra le souvenir durable.

Le public n'eut-il pas le droit de s'étonner, en lisant cette déclaration académique : « La question ne donne presque aucune prise à la géométrie ! » En matière d'inventions, tenter de faire la part de l'avenir, c'est se préparer d'éclatants mécomptes. Un des concurrents, le grand Euler, prit cependant ces paroles à la lettre. Les rêveries dont son mémoire fourmille ne sont rachetées, cette fois, par aucune de ces brillantes découvertes d'analyse, j'ai presque dit de ces sublimes inspirations qui lui étaient si familières. Heureusement Euler joignit à son mémoire un supplément vraiment digne de lui. Le père Lozeran de Fiesc et le comte de Créqui, obtinrent l'honneur insigne de voir leurs noms inscrits à côté de celui de l'illustre géomètre, sans qu'il soit possible aujourd'hui d'apercevoir dans leurs mémoires aucune espèce de mérite, pas même celui de la politesse, car l'homme de cour dit rudement à l'Académie : « La question que vous avez soulevée n'intéresse que la curiosité des hommes. »

Parmi les concurrents moins favorablement traités, nous apercevons l'un des plus grands écrivains que la France ait produits : l'auteur de *la Henriade*. Le mémoire de Voltaire était sans doute loin de résoudre le problème proposé ; mais il brillait du moins, par l'élégance, la clarté, la précision du langage ; j'ajouterai par une argumentation sévère, car si l'auteur, parfois, arrive à des résultats contestables, c'est seulement quand il emprunte de fausses données à la chimie et à la physique de l'époque, sciences qui venaient à peine de naître. Au surplus, la couleur *anticartésienne* de quelques articles du mémoire de Voltaire devait trouver peu de faveur dans une compagnie où le *cartésianisme*, escorté de ses insaisissables tourbillons, coulait à pleins bords.

On trouverait plus difficilement les causes qui firent dédaigner le mémoire d'un quatrième concurrent, de madame la marquise du Châtelet, car elle aussi était entrée dans la lice ouverte par l'Académie. Le travail d'Émilie n'était pas seulement un élégant tableau de toutes les propriétés de la chaleur connues alors des physiciens ; on y remarquait encore divers projets d'expériences, un, entre autres, qu'Herschel a fécondé depuis, et dont il a tiré un des principaux fleurons de sa brillante couronne scientifique.

Pendant que de si grands noms étaient engagés dans ce concours, des physiciens, moins ambitieux, posaient expérimentalement les bases solides d'une future théorie mathématique de la chaleur. Les uns constataient que les mêmes quantités de calorique n'élèvent pas d'un égal nombre de degrés la température de poids égaux de différentes substances, et jetaient par là dans la science l'importante notion de *capacité*. Les autres, à l'aide d'observations non moins certaines, prouvaient que la chaleur appliquée en un point d'une barre, se transmet aux parties éloignées, avec plus ou moins de vitesse ou d'intensité, suivant la nature de la matière dont la barre est formée : ils faisaient naître ainsi les premières idées de *conductibilité*. La même époque, si de trop grands détails ne m'étaient interdits, nous présenterait d'intéressantes expériences sur une loi de refroidissement admise hypothétiquement par Newton. Nous verrions qu'il n'est point vrai qu'à tous les degrés du thermomètre, la perte de chaleur d'un corps soit proportionnelle à l'excès de sa température sur celle du milieu dans lequel il est plongé ; mais j'ai hâte de vous montrer la géométrie pénétrant, timidement d'abord, dans les questions de propagation de la chaleur, et y déposant les premiers germes de ses méthodes fécondes.

C'est à Lambert, de Mulhouse, qu'est dû ce premier pas. Cet ingénieux géomètre s'était proposé un problème très-simple dont tout le monde peut comprendre le sens.

Une barre métallique mince est exposée, par l'une de ses extrémités, à l'action constante et durable d'un certain foyer de chaleur. Les parties voisines du foyer sont échauffées les premières. De proche en proche la chaleur se communique aux portions éloignées, et après un temps assez court, chaque point se trouve avoir acquis le maximum de température auquel il puisse jamais atteindre. L'expérience durerait ensuite cent ans, que l'état thermométrique de la barre n'en serait pas modifié.

Comme de raison, ce maximum de chaleur est d'autant moins fort que l'on s'éloigne davantage du foyer. Y a-t-il quelque rapport entre les températures finales, et les distances des divers points de la barre à l'extrémité directement échauffée ? Ce rapport existe, il est très-simple ; Lambert le chercha par le calcul, et l'expérience confirma les résultats de la théorie.

À côté de la question, en quelque sorte élémentaire, de la propagation *longitudinale* de la chaleur, traitée par Lambert, venait se placer le problème plus général, mais aussi beaucoup plus difficile, de cette même propagation dans un corps à trois dimensions terminé par une surface quelconque. Ce problème exigeait le secours de la plus haute analyse. C'est Fourier qui, le premier, l'a mis en équation ; c'est à Fourier, aussi, que sont dus certains théorèmes à l'aide desquels on peut remonter des équations différentielles aux intégrales, et pousser les solutions, dans la plupart des cas, jusqu'aux dernières applications numériques.

Le premier mémoire de Fourier sur la théorie de la chaleur remonte à 1807. L'Académie, à laquelle il avait été soumis, voulant engager l'auteur à l'étendre et à le perfectionner, fit de la question de la propagation de la chaleur, le sujet du grand prix de mathématiques qu'elle devait décerner au commencement de 1812. Fourier concourut, en effet, et sa pièce fut couronnée. Mais, hélas ! comme le disait Fontenelle : « Dans le pays même des démonstrations, on trouve encore le moyen de se diviser. » Quelques restrictions se mêlèrent au jugement favorable de l'Académie. Les illustres commissaires du prix, Laplace, Lagrange, Legendre, tout en proclamant la nouveauté et l'importance du sujet, tout en déclarant que les véritables équations différentielles de la propagation de la chaleur étaient enfin trouvées, disaient qu'ils apercevaient des difficultés dans la manière dont l'auteur y parvenait. Ils ajoutèrent que ses moyens d'intégration laissaient quelque chose à désirer, même du côté de la rigueur, sans toutefois appuyer leur opinion d'aucune espèce de développement.

Fourier n'a jamais adhéré à ces arrêts. À la fin de sa vie, il a même montré d'une manière bien manifeste qu'il les croyait injustes, puisqu'il a fait imprimer sa pièce de prix dans nos volumes, sans y changer un seul mot. Néanmoins, les doutes exprimés par les commissaires de l'Académie lui revenaient sans cesse à la mémoire. À l'origine, ils avaient déjà empoisonné chez lui le plaisir du triomphe. Ces premières impressions ajoutées à une grande susceptibilité, expliquent comment Fourier finit par voir avec un certain déplaisir les efforts des géomètres qui tentaient de perfectionner sa théorie. C'est là, Messieurs, une bien étrange aberration dans un esprit si élevé ! Il fallait que notre confrère eût oublié qu'il n'est donné à personne de conduire une question scientifique à son terme, et que les grands travaux sur le système du monde, des d'Alembert, des Clairaut, des Euler, des Lagrange, des Laplace, tout en immortalisant leurs auteurs, ont sans cesse ajouté de nouveaux rayons à la gloire impérissable de Newton.

Faisons en sorte que cet exemple ne soit pas perdu. Lorsque la loi civile impose aux tribunaux le devoir de motiver *leurs jugements*, les académies, qui sont les tribunaux de la science, n'auraient pas même un prétexte pour s'affranchir de cette règle. Par le temps qui court, les corps, aussi bien que les particuliers, font sagement quand ils ne comptent, en toute chose, que sur l'autorité de la raison.

55

Dans tous les temps, la *Théorie mathématique* de la chaleur aurait excité un vif intérêt parmi les hommes réfléchis, puisqu'en la supposant complète, elle éclairerait les plus minutieux procédés des arts. De nos jours, ses nombreux points de contact avec les curieuses découvertes des géologues, en ont fait, j'ose le dire, une œuvre de circonstance. Signaler la liaison intime de ces deux genres de recherches, ce sera présenter le côté le plus important des découvertes de Fourier, et montrer combien notre confrère, par une de ces inspirations réservées au génie, avait heureusement choisi le sujet de ses méditations.

Les parties de l'écorce minérale du globe, que les géologues appellent les terrains de sédiment, n'ont pas été formées d'un seul jet. Les eaux couvrirent anciennement à plusieurs reprises, des régions situées aujourd'hui au centre de continent. Elles y déposèrent, par minces couches horizontales, diverses natures de roches. Ces roches, quoique immédiatement superposées entre elles, comme le sont les assises d'un mur, ne doivent pas être confondues ; leurs différences frappent les yeux les moins exercés. Il faut même noter cette circonstance capitale, que chaque terrain a une limite nette, parfaitement tranchée ; qu'aucune transition ne le lie au terrain différent qu'il supporte. L'Océan, source première de ces dépôts, éprouvait donc jadis, dans sa composition chimique, d'énormes changements auxquels il n'est plus sujet aujourd'hui.

À part quelques rares exceptions, résultats de convulsions locales dont les effets sont d'ailleurs manifestes, l'ordre relatif d'ancienneté des lits pierreux qui forment la croûte extérieure du globe, doit être celui de leur superposition. Les plus profonds ont été les plus anciennement produits. L'étude attentive de ces diverses enveloppes peut nous aider à remonter la chaîne des temps jusque par delà les époques les plus reculées, et nous éclairer sur le caractère des révolutions épouvantables qui, périodiquement, ensevelissaient les continents au sein des eaux ou les remettaient à sec.

Les roches cristallines granitiques sur lesquelles la mer a opéré ses premiers dépôts, n'ont jamais offert aucun vestige d'être vivant. Ces vestiges, on ne les trouve que dans les terrains sédimenteux.

C'est par les végétaux que la vie paraît avoir commencé sur le globe. Des débris de végétaux sont tout ce que l'on rencontre dans les plus anciennes couches déposées par les eaux ; encore appartiennent-ils aux plantes de la composition la plus simple : à des fougères, à des espèces de joncs, à des lycopodes.

La végétation devient de plus en plus composée dans les terrains supérieurs. Enfin, près de la surface, elle est comparable à la végétation des continents actuels, avec cette circonstance, cependant, bien digne d'attention, que certains végétaux qui vivent seulement dans le Midi ; que les grands palmiers, par exemple, se trouvent, à l'état fossile, sous toutes les latitudes et au centre même des régions glacées de la Sibérie.

Dans le monde primitif, ces régions hyperboréennes jouissaient donc, en hiver, d'une température au moins égale à celle qu'on éprouve maintenant sous les parallèles où les grands palmiers commencent à se montrer : à Tobolsk, on avait le climat d'Alicante ou d'Alger !

Nous ferons jaillir de nouvelles preuves à l'appui de ce mystérieux résultat, d'un examen attentif de la taille des végétaux.

Il existe aujourd'hui des prêles ou joncs marécageux, des fougères et des lycopodes, tout aussi bien en Europe que dans les régions équinoxiales ; mais on ne les rencontre avec de grandes dimensions que dans les climats chauds. Ainsi, mettre en regard les dimensions des mêmes plantes, c'est vraiment comparer, sous le rapport de la température, les régions où elles se sont développées. Eh bien, placez à côté des plantes fossiles de nos terrains houillers, je ne dirai pas les plantes européennes analogues, mais celles qui couvrent les contrées de l'Amérique méridionale les plus célèbres par la richesse de leur végétation, et vous trouverez les premières incomparablement plus grandes que les autres.

Les *flores fossiles* de la France, de l'Angleterre, de l'Allemagne, de la Scandinavie, offrent, par exemple, des fougères de 15 mètres de haut, et dont les tiges (des tiges de fougères !) avaient jusqu'à 1 mètre de diamètre, ou trois mètres de tour.

Les lycopodiacées qui, aujourd'hui, dans les pays froids ou tempérés, sont des plantes rampantes s'élevant à peine d'un décimètre au-dessus du sol ; qui, à l'équateur même, au milieu des circonstances les plus favorables, ne montent pas à plus d'*un* mètre, avaient en Europe, dans le monde primitif, jusqu'à 25 mètres de hauteur.

Il faudrait être aveugle pour ne point trouver dans ces énormes dimensions, une nouvelle preuve de la haute température dont jouissait notre pays avant les dernières irruptions de l'Océan !

L'étude des *animaux fossiles* n'est pas moins féconde. Je m'écarterais de mon sujet, si j'examinais ici comment l'organisation animale s'est développée sur la terre ; quelles modifications, ou, plus exactement, quelles complications elle a éprouvées après chaque cataclysme, si même je m'arrêtais à décrire une de ces antiques époques pendant lesquelles la terre, la mer et l'atmosphère n'avaient pour habitants que des reptiles à sang froid de dimensions énormes ; des tortues à carapaces de 3 mètres de diamètre ; des lézards de 17 mètres de long ; des *ptérodactyles*, véritables dragons volants aux formes si bizarres, qu'on a pu vouloir, d'après les arguments d'une valeur réelle, les placer tour à tour parmi les reptiles, parmi les mammifères ou parmi les oiseaux, etc. Le but que je me propose n'exige pas d'aussi grands détails ; une seule remarque suffira.

Parmi les ossements que renferment les terrains les plus voisins de la surface actuelle du globe, il y en a d'hippopotame, de rhinocéros, d'éléphant. Ces restes d'animaux des pays chauds, existent sous toutes les latitudes. Les voyageurs en ont même découvert à l'île Melville, où la température descend aujourd'hui jusqu'à 50 degrés au-dessous de zéro. En Sibérie, on les trouve en si grande abondance, que le commerce s'en est emparé. Enfin, sur les falaises dont la mer Glaciale est bordée, ce ne sont plus des fragments de squelette qu'on rencontre, mais des éléphants tout entiers, recouverts encore de leur chair et de leur peau.

Je me tromperais fort, Messieurs, si chacun de vous n'avait pas tiré de ces faits remarquables une conséquence très-remarquable aussi, à laquelle, au surplus, la flore fossile nous avait habitués ; c'est qu'en vieillissant, les régions polaires de notre globe éprouvèrent un refroidissement prodigieux.

Dans l'explication d'un phénomène si curieux, les cosmologues n'assignent aucune part à des variations possibles dans l'intensité du soleil ; et, cependant, les étoiles, ces soleils éloignés, n'ont pas la constance d'éclat que le vulgaire leur attribue ; et quelques-unes, dans un espace de temps assez court, se sont trouvées réduites à la centième partie de leur intensité primitive ; et plusieurs ont même totalement disparu. On a préféré tout attribuer à une chaleur propre ou d'origine, dont la terre aurait été jadis imprégnée, et qui se serait graduellement dissipée.

Dans cette hypothèse, les terres polaires ont pu évidemment jouir, à des époques très-anciennes, d'une température égale à celle des régions équatoriales où vivent aujourd'hui les éléphants, tout en restant privées, pendant des mois entiers, de la vue du soleil.

Ce n'est pas, au reste, comme explication de l'existence des éléphants en Sibérie, que l'idée de la chaleur propre du globe a pénétré, pour la première fois, dans la science. Quelques savants l'avaient adoptée avant la découverte d'aucun de ces animaux fossiles. Ainsi, Descartes croyait qu'à l'origine (je cite ses propres expressions), *la terre ne différait en rien du soleil, sinon qu'elle était plus petite*. Il faudrait donc la considérer comme un soleil éteint. Leibnitz fit à cette hypothèse l'honneur de se l'approprier. Il essaya d'en déduire le mode de formation des diverses enveloppes solides dont notre globe se compose. Buffon lui donna aussi le poids de son éloquente autorité. On sait que d'après ce grand naturaliste, les planètes de notre système seraient de simples parcelles du soleil qu'un choc de comète en aurait détachées, il y a quelques milliers d'années.

À l'appui de cette origine ignée de notre globe, Mairan et Buffon citaient déjà les hautes températures des mines profonde, et entre autres, celles des mines de Giromagny. Il semble évident que si la terre a été jadis incandescente, on ne saurait manquer de rencontrer dans les couches intérieures, c'est-à-dire dans celles qui ont dû se refroidir les dernières, des traces de leur température primitive. L'observateur qui, en pénétrant dans la terre, n'y trouverait pas une chaleur croissante, pourrait donc se croire amplement autorisé à rejeter les conceptions hypothétiques de Descartes, de Leibnitz, de Mairan, de Buffon. Mais la proposition inverse a-t-elle la même certitude ? Les torrents de chaleur que le soleil lance depuis tant de siècles n'auraient-ils pas pu se distribuer dans la masse de la terre, de manière à y produire des températures croissantes avec la profondeur ? C'est là une question capitale. Certains esprits, faciles à satisfaire, croyaient consciencieusement l'avoir résolue, après avoir dit que l'idée d'une température constante était de beaucoup *la plus naturelle* ; mais malheur aux sciences si elles rangeaient ainsi des considérations vagues et qui échappent à toute critique, au nombre des motifs d'admettre ou de rejeter les faits et les théories ! Fontenelle, Messieurs, aurait tracé leur horoscope dans ces paroles, bien faites pour humilier notre orgueil, et dont, cependant l'histoire des découvertes dévoile en mille endroits la vérité : « Quand une chose peut être de deux façons, elle est presque toujours de celle qui nous semblait d'abord la moins naturelle. »

Quelle que soit l'importance de ces réflexions, je m'empresse d'ajouter qu'aux arguments sans valeur réelle de ses devanciers, Fourier a substitué des preuves, des démonstrations, et l'on sait ce que de pareils termes signifient à l'Académie des sciences.

Dans tous les lieux de la terre, dès qu'on est descendu à une certaine profondeur, le thermomètre n'éprouve plus de variation diurne, ni de variation annuelle. Il marque le même degré et la même fraction de degré, pendant toute la durée d'une année, et pendant toutes les années. Voilà le fait ; que dit la théorie ?

Supposez, un moment, que la terre ait constamment reçu toute la chaleur du soleil. Pénétrez dans sa masse d'une quantité suffisante, et vous trouverez avec Fourier, à l'aide du calcul, une température constante pour toutes les époques de l'année. Vous reconnaîtrez de plus que cette température solaire des couches inférieures varie d'un climat à l'autre ; que dans chaque pays, enfin, elle doit être toujours la même, tant qu'on ne s'enfonce pas de quantités fort grandes relativement au rayon du globe. Eh bien les phénomènes naturels sont en contradiction manifeste avec ce résultat. Les observations faites dans une multitude de mines ; les observations de la température de l'eau de fontaines jaillissantes venant de différentes profondeurs, ont toutes donné un accroissement d'*un* degré centigrade pour vingt à trente mètres d'enfoncement. Ainsi, il y avait quelque chose d'inexact dans l'hypothèse que nous discutions sur les pas de notre confrère. Il n'est pas vrai que les phénomènes de température des couches terrestres puissent être attribués à la seule action des rayons solaires. Cela bien établi, l'accroissement de chaleur qui s'observe sous tous les climats, quand on pénètre dans l'intérieur du globe, est l'indice manifeste d'une chaleur propre. La terre, comme le voulaient Descartes et Leibnitz, mais sans pouvoir s'appuyer sur aucun argument démonstratif, devient définitivement, grâce au concours des observations des physiciens et des calculs analytiques de Fourier, un *soleil encroûté*, dont la haute température pourra être hardiment invoquée toutes les fois que l'explication des anciens phénomènes géologiques l'exigera.

Après avoir établi qu'il y a dans notre terre une chaleur propre, une chaleur dont la source n'est pas le soleil, et qui, si l'on en juge par les accroissements rapides que donnent les observations, doit être déjà assez forte, à la petite profondeur de sept à huit lieues, pour tenir en fusion toutes les matières connues, il se présente la question de savoir quelle est sa valeur exacte à la surface du globe ; quelle part il faut lui faire dans l'évaluation des températures terrestres ; quel rôle elle joue dans les phénomènes de la vie.

Suivant Mairan, Buffon, Bailly, ce rôle serait immense. Pour la France, ils évaluent la chaleur qui s'échappe de l'intérieur de la terre à vingt-neuf fois en été et à quatre cents fois en hiver celle qui nous vient du soleil. Ainsi, contre le sentiment général, la chaleur de l'astre qui nous éclaire ne formerait qu'une très-petite partie de celle dont nous ressentons l'heureuse influence.

Cette idée a été développée avec habileté et une grande éloquence, dans les *Mémoires de l'Académie*, dans les *Époques de la nature* de Buffon, dans les lettres de *Bailly à Voltaire sur l'Origine des sciences* et sur l'*Atlantide*. Mais l'ingénieux roman auquel elle sert de base s'est dissipé comme une ombre devant le flambeau des mathématiques.

Fourier ayant découvert que l'*excès* de la température totale de la surface terrestre sur celle qui résulterait de la seule action des rayons solaires, a une relation nécessaire et déterminée avec l'accroissement des températures à différentes profondeurs, a pu déduire de la valeur expérimentale de cet accroissement une détermination numérique de l'excès en question. Cet excès est l'effet thermométrique que la chaleur centrale produit à la surface ; or, au lieu des grands nombres adoptés par Mairan, Bailly, Buffon, qu'a trouvé notre confrère ? *un trentième* de degré, pas davantage.

La surface du globe, qui, à l'origine des choses, était peut-être incandescente, s'est donc refroidie dans le cours des siècles, de manière à conserver à peine une trace sensible de sa température primitive. Cependant, à de grandes profondeurs, la chaleur d'origine est encore énorme. Le temps altérera notablement les températures intérieures ; mais à la surface (et les phénomènes de la surface sont les seuls qui puissent modifier ou compromettre l'existence des êtres vivants), tous les changements sont à fort peu près accomplis. L'affreuse congélation du globe, dont Buffon fixait l'époque au moment où la chaleur centrale se sera totalement dissipée, est donc un pur rêve. À l'extérieur, la terre n'est plus imprégnée que de chaleur solaire. Tant que le soleil conservera le même éclat, les hommes, d'un pôle à l'autre, rettrouveront sous chaque latitude, les climats qui leur ont permis d'y vivre et de s'y établir.

Ce sont là, Messieurs, de grands, de magnifiques résultats. En les consignant dans les annales de la science, les historiens ne négligeront pas de signaler cette particularité singulière, que le géomètre à qui l'on dut la première démonstration certaine de l'existence, au sein de notre globe, d'une chaleur indépendante de l'action solaire, a réduit à néant le rôle immense qu'on faisait jouer à cette chaleur d'origine dans l'explication des phénomènes de température terrestre.

Au mérite d'avoir débarrassé la théorie des climats d'une erreur qui restait debout, appuyée sur l'imposante autorité de Mairan, de Bailly, de Buffon, Fourier a joint un mérite plus éclatant encore : il a introduit, dans cette théorie, une considération totalement négligée jusqu'à lui ; il a signalé le rôle que doit y jouer *la température de ces espaces célestes*, au milieu desquels la terre décrit autour du soleil son orbe immense.

En voyant, même sous l'équateur, certaines montagnes couvertes de neiges éternelles ; en observant le décroissement rapide de température des couches de l'atmosphère, pendant les ascensions aérostatiques, les météorologistes avaient cru que dans les régions d'où l'extrême rareté de l'air tiendra toujours les hommes éloignés, et surtout qu'en dehors de l'atmosphère, il doit régner des froids prodigieux. Ce n'était pas seulement par centaines, c'était par milliers de degrés qu'ils les eussent volontiers mesurés. Mais, comme d'habitude, l'imagination, *cette folle du logis*, avait dépasse toutes les bornes. Les centaines, les milliers de degrés, sont devenus, après l'examen rigide de Fourier, 50 à 60 degrés seulement. 50 à 60 degrés *au-dessous de zéro*, telle est la température que le rayonnement stellaire entretient dans les espaces indéfinis sillonnés par les planètes de notre système.

Vous vous rappelez tous, Messieurs, avec quelle prédilection Fourier nous entretenait de ce résultat. Vous savez combien il se croyait assuré d'avoir assigné la température de l'espace à 8 ou 10 degrés près. Par quelle fatalité le Mémoire où, sans doute, notre confrère avait consigné, tous les éléments de cette importante détermination ne s'est-il pas retrouvé ? Puisse cette perte irréparable, prouver du moins à tant d'observateurs qu'au lieu de poursuivre obstinément une perfection idéale, qu'il n'est pas donné à l'homme d'atteindre, ils feront sagement de mettre le public, le plus tôt possible, dans la confidence de leurs travaux.

J'aurais encore une longue carrière parcourir, si, après avoir signalé quelques-uns des problèmes dont l'état des sciences a permis à notre savant confrère de donner des solutions numériques, je voulais analyser tous ceux qui, renfermés encore dans des formules générales, n'attendent que les données de l'expérience pour prendre rang parmi les plus curieuses acquisitions de la physique moderne. Le temps dont je puis disposer m'interdit de pareils développements. Je commettrais cependant un oubli sans excuse si je ne disais que parmi les formules de Fourier, il en est une, destinée à donner la valeur du refroidissement séculaire du globe, et dans laquelle figure le *nombre de siècles* écoulés depuis l'origine de ce refroidissement. La question, si vivement controversée, de l'ancienneté de notre terre, même en y comprenant sa période d'incandescence, se trouve ainsi ramenée à une détermination thermométrique. Malheureusement ce point de théorie est sujet à des difficultés sérieuses. D'ailleurs la détermination thermométrique, à cause de son excessive petitesse, serait réservée aux siècles à venir.

RETOUR DE NAPOLÉON DE L'ÎLE D'ELBE. – FOURIER PRÉFET DU RHÔNE. – SA NOMINATION À LA PLACE DE DIRECTEUR DU BUREAU DE LA STATISTIQUE DE LA SEINE.

Je viens de faire passer sous vos yeux les fruits scientifiques des délassements du préfet de l'Isère. Fourier occupait encore cet emploi lorsque Napoléon arriva à Cannes. Sa conduite, pendant cette grave conjoncture, a été l'objet de cent rapports mensongers. J'accomplirai donc un devoir en rétablissant les faits dans toute leur vérité, d'après ce que j'ai entendu de la bouche même de notre confrère.

À la nouvelle du débarquement de l'Empereur, les principales autorités de Grenoble se réunirent a la préfecture. Là, chacun exposa avec talent, mais surtout, disait Fourier, avec beaucoup de détails, les difficultés qu'il entrevoyait. Quant aux moyens de les vaincre, on se montrait beaucoup moins fécond. La confiance dans l'éloquence administrative n'était pas encore usée à cette époque ; on se décida donc à recourir aux proclamations. Le général commandant et le préfet présentèrent chacun un projet. L'assemblée en discutait minutieusement les termes, lorsqu'un officier de gendarmerie, ancien soldat des armées impériales, s'écria rudement : « Messieurs, dépêchez-vous ; sans cela toute délibération deviendra inutile. Croyez-moi, j'en parle par expérience ; Napoléon suit toujours de bien près les courriers qui l'annoncent. » Napoléon arrivait en effet. Après un court moment d'hésitation, deux compagnies de sapeurs, qui avaient été détachées pour couper un pont se réunirent à leur ancien général. Un bataillon d'infanterie suivit bientôt cet exemple. Enfin, sur les glacis mêmes de la place, en présence de la nombreuse population qui couronnait les remparts, le 5ᵉ régiment de ligne tout entier prit la cocarde tricolore, substitua au drapeau blanc l'aigle témoin de vingt batailles qu'il avait conservé, et partit aux cris de vive l'*Empereur* ! Après un semblable début, essayer de tenir la campagne eût été une folie. Le général Marchand fit donc fermer les portes de la ville. Il espérait encore, malgré les dispositions évidemment hostiles des habitants, pouvoir soutenir un siège en règle, avec le seul secours du 3ᵉ régiment du génie, du 4ᵉ d'artillerie et des faibles détachements d'infanterie qui ne l'avaient pas abandonné.

Dès ce moment, l'autorité civile avait disparu. Fourier crut donc pouvoir quitter Grenoble et se rendre à Lyon, où les princes étaient réunis. À la seconde Restauration, ce départ lui fut imputé à crime. Peu s'en fallut qu'il ne l'amenât devant une cour d'assises, ou même devant une cour prévôtale. Certains personnages prétendaient que la présence du préfet au chef-lieu de l'Isère aurait pu conjurer l'orage ; que la résistance serait devenue plus vive, mieux ordonnée. On oubliait que nulle part et à Grenoble moins encore que partout ailleurs, on ne put organiser même un simulacre de résistance. Voyons enfin comment cette ville de guerre, dont la seule présence de Fourier eût prévenu la chute, voyons comment elle fut prise. Il est huit heures du soir. La population et les soldats garnissent les remparts. Napoléon précède sa petite troupe de quelques pas ; il s'avance jusqu'à la porte, il frappe (rassurez-vous, Messieurs, ce n'est pas une bataille que je vais décrire), *il frappe avec sa tabatière !* « Qui est là ? crie l'officier de garde. – C'est l'Empereur ! ouvrez ! – Sire, mon devoir me le défend. – Ouvrez vous dis-je ; je n'ai pas de temps à perdre. – Mais, sire, lors même que je voudrais vous ouvrir, je ne le pourrais pas : les clefs sont chez le général Marchand. – Allez donc les chercher. – Je suis certain qu'il me les refusera. – Si le général les refuse, *dites-lui que je le destitue.* »

Ces paroles pétrifièrent les soldats. Depuis deux jours, des centaines de proclamations désignaient Bonaparte comme une bête fauve, qu'il fallait traquer sans ménagement ; elles commandaient à tout le monde de *courir sus*, et cet homme cependant menaçait le général de destitution ! Le seul mot *destituer* effaça la faible ligne de démarcation qui sépara un instant les vieux soldats des jeunes recrues ; un mot plaça la garnison tout entière, dans les intérêts de l'Empereur.

Les circonstances de la prise de Grenoble n'étaient pas encore connues, lorsque Fourier arriva à Lyon. Il y apportait la nouvelle de la marche rapide de Napoléon ; celle de la défection de deux compagnies de sapeurs, d'un bataillon d'infanterie, du régiment commandé par Labédoyère. De plus il avait été témoin, sur toute la route, de la vive sympathie des habitants des campagnes pour le proscrit de l'île d'Elbe.

Le comte d'Artois reçut fort mal le préfet et ses communications. Il déclara que l'arrivée de Napoléon à Grenoble n'était pas possible ; que l'on devait être rassuré sur les dispositions des campagnards. « Quant au fait, dit-il à Fourier, qui se serait passé en votre présence, aux portes mêmes de la ville ; quant à des cocardes tricolores substituées à la cocarde d'Henri IV ; quant à des aigles qui auraient remplacé le drapeau blanc, je ne suspecte pas votre bonne foi, mais l'inquiétude vous aura fasciné les yeux. Monsieur le préfet, retournez donc sans retard à Grenoble ; vous me répondez de la ville sur votre tête. »

Vous le voyez, Messieurs, après avoir si longtemps proclamé la nécessité de dire la vérité aux princes, les moralistes feront sagement d'inviter les princes à vouloir bien l'entendre.

Fourier obéit à l'ordre qu'on venait de lui donner. Les roues de sa voiture avaient à peine fait quelques tours dans la direction de Grenoble, qu'il fut arrêté par des hussards et conduit à Bourgoin, au quartier général, L'Empereur, étendu alors sur une grande carte, un compas à la main, lui dit en le voyant entrer : « Eh bien ! monsieur le préfet ! vous aussi, vous me déclariez la guerre ? – Sire, mes serments m'en faisaient un devoir ! — Un devoir, dites-vous ? et ne voyez-vous pas qu'en Dauphiné personne n'est de votre avis ? N'allez pas, au reste, vous imaginer que votre plan de campagne m'effrayât beaucoup. Je souffrais seulement de voir parmi mes adversaires un *Égyptien*, un homme qui avait mangé avec moi le pain du bivouac, un ancien ami ! »

Il m'est pénible d'ajouter qu'à ces paroles bienveillantes succédèrent celles-ci : « Comment, au surplus, avez-vous pu oublier, monsieur Fourier, que je vous ai fait ce que vous êtes ? »

Vous regretterez avec moi, Messieurs, qu'une timidité, que les circonstances expliquaient d'ailleurs si bien, ait empêché notre confrère de protester sur-le-champ, de protester avec force, contre cette confusion que les puissants de la terre veulent sans cesse établir entre les biens périssables dont ils sont les dispensateurs, et les nobles fruits de la pensée. Fourier était préfet et baron de par l'Empereur ; il était une des gloires de la France de par son propre génie !

Le 9 mars, dans un moment de colère, Napoléon, par un décret daté de Grenoble, ordonnait à *Fourier d'évacuer le territoire de la 7ᵉ division militaire, dans le délai de cinq jours, sous peine d'être arrêté et traité comme ennemi de la nation !* Le lendemain notre confrère sortit de la conférence de Bourgoin avec la charge de préfet du Rhône et avec le titre de *comte*, car l'Empereur en était encore là à son retour de l'île d'Elbe.

Ces témoignages inespérés de faveur et de confiance étaient peu agréables à notre confrère, mais il n'osa pas les refuser, quoiqu'il aperçût bien distinctement l'immense gravité des événements dans lesquels le hasard l'appelait à jouer un rôle.

« Que pensez-vous de mon entreprise ? lui dit l'Empereur le jour de son départ de Lyon. — Sire, répondit Fourier, je crois que vous échouerez. Qu'il se rencontre sur votre route un fanatique, et tout est fini. — Bah ! s'écria Napoléon ; les Bourbons n'ont personne pour eux, pas même un fanatique. À propos, vous avez lu dans les journaux qu'ils m'ont mis hors de la loi. Je serai plus indulgent, moi : je me contenterai de les mettre hors des Tuileries ! »

Fourier conserva la préfecture du Rhône jusqu'au 1ᵉʳ mai seulement. On a dit, on a imprimé qu'il fut révoqué pour n'avoir pas voulu se rendre complice des actes de terrorisme que lui prescrivait le ministère des Cent-Jours ! L'Académie me verra, en toute circonstance, recueillir, enregistrer avec bonheur des actions qui, en honorant ses membres, ajouteront un nouvel éclat à l'illustration du corps entier. Je sens même qu'à cet égard je pourrai être enclin à quelque peu de crédulité. Cette fois, le plus rigoureux examen m'était commandé. Si Fourier s'honorait en refusant d'obéir à certains ordres, que faudrait-il penser du ministre de l'intérieur de qui ces ordres émanaient ? Or, ce ministre, je n'ai pas dû l'oublier, était aussi un académicien, illustre par ses services militaires, distingué par ses ouvrages de mathématiques, estimé et chéri de tous ses confrères. Eh bien ! je le déclare avec une satisfaction que vous partagerez, Messieurs, les recherches les plus scrupuleuses sur tous les actes des Cent-Jours ne m'ont rien fait entrevoir qui doive affaiblir les sentiments dont vous avez entouré la mémoire de Carnot.

En quittant la préfecture du Rhône, Fourier vint à Paris. L'Empereur, qui allait partir pour l'armée, l'aperçut dans la foule aux Tuileries, l'accosta amicalement, l'avertit que Carnot lui expliquerait pourquoi son remplacement à Lyon était devenu indispensable, et promit de s'occuper de ses intérêts dès que les affaires militaires lui laisseraient quelque loisir. La seconde Restauration trouva Fourier dans la capitale, sans emploi et justement inquiet sur son avenir. Celui qui, pendant quinze ans, administra un grand département ; qui dirigea des travaux si dispendieux ; qui, dans l'affaire des marais de Bourgoin, eut à stipuler pour tant de millions avec les particuliers, les communes et les compagnies, ne possédait pas *vingt mille francs* de capital. Cette honorable pauvreté, le souvenir des plus importants, des plus glorieux services, devaient peu toucher des ministres voués alors aux colères de la politique et aux caprices de l'étranger. Une demande de pension fut donc repoussée avec brutalité. Qu'on se rassure ! la France n'aura pas à rougir d'avoir laissé dans le besoin une de ses principales illustrations. Le préfet de Paris, je me trompe, Messieurs, un nom propre ne sera pas de trop ici, M. de Chabrol apprend que son ancien professeur à l'École polytechnique, que le secrétaire perpétuel de l'Institut d'Egypte, que l'auteur de la *Théorie analytique de la chaleur* va être réduit, pour vivre, à courir le cachet. Cette idée le révolte. Aussi se montre-t-il sourd aux clameurs des partis, et Fourier reçoit de lui la direction supérieure du *Bureau de la statistique* de la Seine, avec *six mille francs* d'appointements. J'ai cru, Messieurs, ne pas devoir taire ces détails. Les sciences peuvent se montrer reconnaissantes envers tous ceux qui leur donnent appui et protection quand il y a quelque danger à le faire, sans craindre que le fardeau devienne jamais trop lourd !

Fourier répondit dignement à la confiance de M. de Chabrol. Les mémoires dont il enrichit les intéressants volumes publiés par la préfecture de la Seine, serviront désormais de guide à tous ceux qui ont le bon esprit de voir dans la statistique autre chose qu'un amas indigeste de chiffres et de tableaux.

L'Académie des sciences saisit la première occasion qui s'offrit à elle de s'attacher Fourier. Le 27 mai 1816, elle le nomma académicien libre. Cette élection ne fut pas confirmée. Les démarches, les sollicitations, les prières des Dauphinois que les circonstances retenaient alors à Paris, avaient presque désarmé l'autorité, lorsqu'un courtisan s'écria qu'on allait amnistier *le Labédoyère civil !* Ce mot, car depuis bien des siècles la pauvre race humaine est gouvernée par des mots, décida du sort de notre confrère. De par la politique, les ministres de Louis XVIII arrêtèrent qu'un des plus savants hommes de la France n'appartiendrait pas à l'Académie ; qu'un citoyen, l'ami de tout ce que la capitale renfermait de personnes distinguées, serait publiquement frappé de réprobation !

Dans notre pays, l'absurde dure peu. Aussi, en 1817, lorsque l'Académie, sans se laisser décourager par le mauvais succès de sa première tentative, nomma unanimement Fourier à la place qui venait de vaquer en physique, la confirmation royale fut accordée sans difficulté. Je dois ajouter que, bientôt après, le pouvoir, dont toutes les répugnances s'étaient dissipées, applaudit franchement, sans arrière-pensée, à l'heureux choix que vous fîtes du savant géomètre, pour remplacer Delambre comme secrétaire perpétuel. On alla même jusqu'à vouloir lui confier la direction des beaux-arts ; mais notre confrère eut le bon esprit de refuser.

À la mort de Lémontey, l'Académie française, où Laplace et Cuvier représentaient déjà les sciences, appela encore Fourier dans son sein. Les titres littéraires du plus éloquent collaborateur de l'ouvrage d'Égypte étaient incontestables ; ils étaient même incontestés, et cependant cette nomination souleva dans les journaux de violents débats qui affligèrent profondément notre confrère. Mais aussi, n'était-ce pas une question, que celle de savoir si ces doubles nominations sont utiles ? Ne pouvait-on pas soutenir, sans se rendre coupable d'un paradoxe, qu'elles éteignent chez la jeunesse une émulation que tout nous fait un devoir d'encourager ? Que deviendrait, d'ailleurs, à la longue, avec des académiciens doubles, triples, quadruples, cette unité si justement vantée de l'ancien Institut ? Le public finirait par ne plus vouloir la trouver que dans l'unité du costume.

Quoi qu'il en soit de ces réflexions, dont vous ferez prompte justice si je me suis trompé, je me hâte de répéter que les titres académiques de Fourier ne furent pas même l'objet d'un doute. Les applaudissements qu'on avait prodigués aux éloquents éloges de Delambre, de Bréguet, de Charles, d'Herschel, montraient assez que si leur auteur n'eût pas été déjà l'un des membres les plus distingués de l'Académie des sciences, le public, tout entier, l'aurait appelé à prendre rang parmi les arbitres de la littérature française.

Rendu enfin, après tant de traverses, à des occupations favorites, Fourier passa ses dernières années dans la retraite et l'accomplissement des devoirs académiques. *Causer*, était devenu la moitié de sa vie. Ceux qui ont cru trouver là le texte d'un juste reproche avaient sans doute oublié que de constantes méditations ne sont pas moins impérieusement interdites à l'homme, que l'abus des forces physiques. Le repos, en toute chose, remonte notre frêle machine ; mais ne se repose pas qui veut, Messieurs ! Interrogez vos propres souvenirs, et dites si, quand vous poursuivez une vérité nouvelle, la promenade, les conversations du grand monde, si le sommeil même ont le privilége de vous distraire ? La santé fort délabrée de Fourier lui commandait de grands ménagements. Après bien des essais, il n'avait trouvé qu'un moyen de s'arracher aux contentions d'esprit qui l'épuisaient : c'était de parler à haute voix sur les événements de sa vie ; sur ses travaux scientifiques, en projet ou déjà terminés ; sur les injustices dont il avait eu à se plaindre. Tout le monde avait pu remarquer combien était insignifiante la tâche que notre spirituel confrère assignait à ceux qui s'entretenaient habituellement avec lui ; maintenant on en comprendra le motif.

Fourier avait conservé dans sa vieillesse la grâce, l'urbanité, les connaissances variées qui, un quart de siècle auparavant, donnèrent tant de charme à ses leçons de l'École polytechnique. On prenait plaisir à lui entendre raconter même l'anecdote qu'on savait par cœur, même les événements auxquels on avait pris une part directe. Le hasard me rendit témoin de l'espèce de *fascination* qu'il exerçait sur ses auditeurs, dans une circonstance qui mérite, je crois, d'être connue, car elle prouvera que le mot dont je viens de me servir n'a rien de trop fort.

Nous nous trouvions assis à la même table. Le convive dont je le séparais était un ancien officier. Notre confrère l'apprit, et la question : « Avez-vous été en Égypte ? » servit à lier conversation. La réponse fut affirmative. Fourier s'empressa d'ajouter : « Quant à moi, je suis resté dans ce magnifique pays jusqu'à son entière évacuation. Quoique étranger au métier des armes, j'ai fait, au milieu de nos soldats, le coup de feu contre les insurgés du Kaire ; j'ai eu l'honneur d'entendre le canon d'Héliopolis. » De là à raconter la bataille il n'y avait qu'un pas. Ce pas fut bientôt fait, et voilà quatre bataillons carrés se formant dans la plaine de Qoubbèh et manœuvrant aux ordres de l'illustre géomètre avec une admirable précision. Mon voisin, l'oreille au guet, les yeux immobiles, le cou tendu, écoutait ce récit avec le plus vif intérêt. Il n'en perdait pas une syllabe : on eût juré qu'il entendait parler pour la première fois de ces événements mémorables. Il est si doux de plaire, Messieurs ! Après avoir remarqué, l'effet qu'il produisait, Fourier revint, avec plus de détails encore, au principal combat de ces grandes journées : à la prise du village fortifié de Mattaryèh, au passage de deux faibles colonnes de grenadiers français à travers des fossés comblés de morts et de blessés de l'armée ottomane. « Les généraux anciens et modernes ont quelquefois parlé de semblables prouesses, s'écria notre confrère ; mais c'était en style hyperbolique de bulletin : ici le fait est matériellement vrai ; il est vrai comme de la géométrie. Je sens, au reste, ajouta-t-il, que pour vous y faire croire ce ne sera pas trop de toutes mes assurances ! »

« Soyez sur ce point sans nulle inquiétude, répondit l'officier, qui, dans ce moment, semblait sortir d'un long rêve. Au besoin, je pourrais me porter garant de l'exactitude de votre récit. C'est moi qui, à la tête des grenadiers de la 13ᵉ et de la 85ᵉ demi-brigades, franchis les retranchements de Mattaryèh en passant sur les cadavres des janissaires ! »

Mon voisin était le général Tarayre. On concevra bien mieux que je ne pourrais le dire l'effet du peu de mots qui venaient de lui échapper. Fourier se confondait en excuses, tandis que je réfléchissais sur cette séduction, sur cette puissance de langage qui, pendant près d'une demi-heure, venait d'enlever au célèbre général jusqu'au souvenir du rôle qu'il avait joué dans les combats de géants qu'on lui racontait.

Autant votre secrétaire avait besoin de causer, autant il éprouvait de répugnance pour les discussions verbales. Fourier coupait court à tout débat aussitôt qu'il pressentait une divergence d'avis un peu tranchée, sauf à reprendre plus tard le même sujet, avec la prétention modeste de faire un très-petit pas chaque fois. Quelqu'un demandait à

Fontaine, géomètre célèbre de cette Académie, ce qu'il faisait dans le monde où il gardait un silence presque absolu. « J'observe, répondit-il, la vanité des hommes pour la blesser dans l'occasion. » Si comme son prédécesseur, Fourier étudiait aussi les passions honteuses qui se disputent les honneurs, la richesse, le pouvoir, ce n'était point pour les combattre : résolu à ne jamais transiger avec elles, il calculait cependant ses démarches de manière à ne pas se trouver sur leur chemin. Nous voilà bien loin du caractère ardent, impétueux, du jeune orateur de la société populaire d'Auxerre ; mais à quoi servirait la philosophie, si elle ne nous apprenait à vaincre nos passions ! Ce n'est pas que, par moments, le fond du caractère de Fourier ne se montrât à nu. « Il est étrange, dirait un jour certain personnage très-influent de la cour de Charles X, à qui le domestique Joseph ne voulait pas permettre de dépasser l'antichambre de notre confrère, il est vraiment étrange que votre maître soit plus difficile à aborder qu'un ministre ! » Fourier entend le propos, saute à bas de son lit, où une indisposition le retenait, ouvre la porte de la chambre, et face à face avec le courtisan : « Joseph, s'écrie-t-il, dites à monsieur que si j'étais ministre, je recevrais tout le monde, parce que tel serait mon devoir ; comme simple particulier, je reçois qui bon me semble et quand bon me semble ! » Déconcerté par la vivacité de la boutade, le grand seigneur ne répondit pas un mot. Il faut même croire qu'à partir de ce moment il se décida à ne visiter que des ministres, car le simple savant n'en entendit plus parler.

Fourier était doué d'une constitution qui lui promettait de longs jours ; mais que peuvent les dons naturels contre les habitudes antihygiéniques que les hommes se créent à plaisir ! Pour se dérober à de légères atteintes rhumatismales, notre confrère se vêtait, dans la saison la plus chaude de l'année, comme ne le font même pas les voyageurs condamnés à hiverner au milieu des glaces polaires. « On me suppose de l'embonpoint, disait-il quelquefois en riant ; soyez assuré qu'il y a beaucoup à rabattre de cette opinion. Si, à l'exemple des momies égyptiennes, on me soumettait, ce dont Dieu me préserve ! à l'opération du désemmaillottement, on ne trouverait pour résidu qu'un corps assez fluet. » Je pourrais ajouter, en choisissant aussi mon terme de comparaison sur les bords du Nil, que dans les appartements de Fourier, toujours peu spacieux et fortement chauffés, même en été, les courants d'air auxquels on était exposé près des portes, ressemblaient quelquefois à ce terrible seïmoun, à ce vent brûlant du désert que les caravanes redoutent à l'égal de la peste.

Les prescriptions de la médecine qui, dans la bouche de M. Larrey, se confondaient avec les inquiétudes d'une longue et constante amitié, ne réussirent pas à faire modifier ce régime mortel. Fourier avait déjà eu en Égypte et à Grenoble quelques atteintes d'un anévrisme au cœur. À Paris, on ne pouvait guère se méprendre sur la cause première des fréquentes suffocations qu'il éprouvait. Une chute faite le 4 mai 1830 en descendant un escalier, donna, toutefois, à la maladie une marche beaucoup plus rapide qu'on n'avait jamais dû le craindre. Notre confrère, malgré de vives instances, persista à ne vouloir combattre les plus menaçants symptômes qu'à l'aide de la patience et d'une haute température. Le 16 mai 1830, vers les quatre heures du soir, Fourier éprouva dans son cabinet de travail une violente crise dont il était loin de pressentir la gravité ; car, après s'être jeté tout habillé sur un lit, il pria M. Petit, jeune médecin de ses amis qui lui donnait des soins, de ne pas s'éloigner « afin, lui dit-il, que nous puissions tout à l'heure causer ensemble. » Mais à ces paroles succédèrent bientôt les cris : *Vite, vite, du vinaigre, je m'évanouis !* et un des savants qui jetaient le plus d'éclat sur l'Académie avait cessé de vivre !

Cet événement cruel est trop récent, Messieurs, pour qu'il soit nécessaire de rappeler ici, et la douleur profonde qu'éprouva l'Institut en perdant une de ses premières notabilités ; et ces obsèques, où tant de personnes, ordinairement divisées d'intérêts et d'opinions, se réunirent dans un sentiment commun de vénération et de regrets, autour des restes inanimés de Fourier ; et l'École polytechnique, se joignant en masse au cortége pour rendre hommage à l'un de ses plus anciens, de ses plus célèbres professeurs ; et les paroles qui, sur les bords de la tombe, dépeignirent si éloquemment le profond mathématicien, l'écrivain plein de goût, l'administrateur intègre, le bon citoyen, l'ami dévoué. Disons seulement que Fourier appartenait à toutes les grandes sociétés savantes du monde, et qu'elles s'associèrent avec la plus touchante unanimité au deuil de l'Académie, au deuil de la France entière : éclatant témoignage que la *république des lettres* n'est plus aujourd'hui un vain nom ! Qu'a-t-il donc manqué à la mémoire de notre confrère ? Un successeur plus habile que je ne l'ai été à grouper, à mettre en relief les diverses phases d'une vie si variée, si laborieuse, si glorieusement enlacée aux plus grands événements de la plus mémorable époque de notre histoire. Heureusement, les découvertes scientifiques de l'illustre secrétaire n'avaient rien à redouter de l'insuffisance du panégyriste. Mon but aura été complétement atteint si, malgré l'imperfection de mes esquisses, chacun de vous a compris que les progrès de la physique générale, de la physique terrestre, de la géologie, multiplieront de jour en jour davantage les fécondes applications de la *Théorie analytique de la chaleur*, et que cet ouvrage portera le nom de Fourier jusqu'à la postérité la plus reculée.